BENITO JUÁREZ

1a. edición, abril 2004.

© Grupo Editorial Tomo, S.A. de C.V.
Benito Juárez

© 2004, Grupo Editorial Tomo, S.A. de C.V.
Nicolás San Juan 1043, Col. Del Valle
03100 México, D.F.
Tels. 5575-6615, 5575-8701 y 5575-0186
Fax. 5575-6695
http://www.grupotomo.com.mx
ISBN: 970-666-930-2
Miembro de la Cámara Nacional
de la Industria Editorial No 2961

Proyecto: Juan Pablo Morales Anguiano
Diseño de Portada: Trilce Romero
Formación Tipográfica: Servicios Editoriales Aguirre, S.C.
Supervisor de producción: Leonardo Figueroa

Impreso en México - *Printed in Mexico*

Contenido

Prólogo

Nacido en San Pablo de Guelatao, Oaxaca, en 1806, era hijo de zapotecas. A los tres años fallecieron sus padres, Marcelino Juárez y Brígida García, sus abuelos paternos quedaron a su cuidado junto con sus hermanas María Josefa y Rosa. Su hermana menor, María Longinos, recién nacida, fue a vivir con su tía Cecilia García. Cuando sus abuelos fallecieron se fue a vivir con su tío Bernardino Juárez quien, al parecer, gustaba de emborracharse habitualmente y se dedicaba al pastoreo de ovejas. Fue en este ambiente donde Juárez aprendió el laboreo y las tareas campesinas, su tío le enseñó a leer y el idioma castellano, que resultaba fundamental para prosperar económica y socialmente. Dos sucesos le hacen tomar la decisión de mudarse a Oaxaca. El primero fue la necesidad de completar su educación y el otro fue un descuido en sus labores, lo que le hizo temer el castigo de su tío, de quien se dice, lo golpeaba.

A los doce años se escapa de casa y se va con su hermana María Josefa, quien era cocinera en la casa de la familia Maza. En este tiempo, gracias a su hermana y a la familia Maza, consigue desarrollar sus estudios y vive un tiempo de seguridad. Aprendió también el oficio de encuadernador de manos de Antonio Salanueva, a quien llamaría "padrino", quien le da acceso a la lectura de autores como feijoo. Con todo este bagaje puede ingresar en el seminario, como alumno externo, el 18 de octubre de 1821, el mismo año en que México declara su independencia.

En 1834 se gradúa en Derecho y su carrera política comienza a mostrarse, tras haber sido diputado por Oaxaca los dos años anteriores. En 1846 es miembro del Congreso, llegando entre 1847 y 1852, a ser Gobernador de Oaxaca. El régimen dictatorial iniciado un año más tarde por Santa Anna lo condena al destierro en La Habana, volviendo dos años más tarde para ocuparse del Ministerio de Justicia. Desde ese puesto emprendió una profunda labor legislativa con dos objetivos principales: la reforma agraria, la sumisión del ejército y la Iglesia al gobierno civil.

Su capacidad y criterio legislativo se plasmó en la Constitución liberal 1857, pero un golpe de estado dirigido por Ignacio Comonfort ordenó que Juárez fuera encarcelado, inició una guerra civil y llevó a la presidencia al conservador Félix Zuloaga. Más tarde, Juárez logró formar un gobierno constitucional en Guanajuato y después en Guadalajara. Fue perseguido y se estableció en Veracruz. Su gobierno fue reconocido al año siguiente por los Estados Unidos, iniciando entonces todo el proceso político conocido como la Reforma. Su programa preponía la radicalización de la Constitución de 1857, la nacionalización de los bienes eclesiásticos, la eliminación de las órdenes monásticas, la creación de un registro civil y la separación total de la Iglesia y el estado.

La victoria de San Miguel Calpulalpan en 1860 dio el triunfo definitivo al gobierno constitucional de Juárez, pero la suspensión del pago de la deuda externa, decretada por Juárez, desató un conflicto pre-bélico en las relaciones con Francia, Gran Bretaña y España. El convenio de la Soledad apaciguó los ánimos de españoles y británicos, pero Francia se decidió a intervenir militarmente y en 1864, fue ocupada la Ciudad de México, los invasores proclamaron al archiduque Maximiliano de Austria como emperador de México. La situación bélica hizo que Juárez extendiera sus poderes presidenciales para enfrentar la invasión francesa. Así, tras haber logrado sitio de Querétaro (1867), y tras varios sucesos terribles en su vida personal, logró la captura y fusilamiento de Maximiliano el 19 de junio del Cerro de

Campanas. Reelegido Presidente, su mandato conoció innumerables problemas.

El primero de ellos era la delincuencia en los caminos, ocasionada por los miles de soldados que quedaron sin trabajo tras un recorte necesario y la lucha armada revolucionaria, que amenazaba la estabilidad del régimen. Además de la oposición de grupos reaccionarios, quienes detestaban la constitución. Acusaciones de corrupción y fraude en las elecciones fueron deteriorando la confianza popular en el gobierno de Juárez, la cual fue sepultada con su intento de alcanzar mayores cotas de poder para estabilizar al país. La contestación popular cundió incluso entre sus propias filas, dando como resultado la deserción del general Porfirio Díaz, quien se había destacado en la lucha contra Maximiliano, y de Lérdo de Tejada, quien fundó su propio partido.

Algunos pronunciamientos, como los de Treviño y Naranjo, fueron controlados y minaron las ya de por sí escasas fuerzas personales y políticas de Juárez. La presión de Porfirio Díaz sobre Juárez, al que acusaba de dictador, acabó en una revuelta cuya propuesta principal era impedir la reelección de los Presidentes de la República. Tras reprimir este último levantamiento, el 18 de junio de 1872 falleció Benito Juárez de un ataque al corazón, dolencia que sufría desde tiempo antes.

Capítulo I

1806

Un inicio difícil

C orría el año de 1806, en la Iglesia Parroquial del poblado de Santo Tomás Ixtlán, se realizaba un modesto bautizo, era el 22 de marzo, y ante el Vicario de esa parroquia, Don Ambrosio Puche, acudieron Marcelino Juárez y Brígida García, los orgullosos padres de un varoncito que llevaría por nombre Benito Pablo. Los abuelos paternos eran Pedro Juárez y Justa López, mientras que los maternos eran Pablo García y María García; la madrina del pequeño fue Apolonia García, quien estaba casada con Francisco García, todos ellos, al igual que los padres del infante, eran indios del pueblo de San Pablo Gelatao.

Apenas había nacido un día antes, y ahora ya estaba registrado en la iglesia católica, pero esto no le traía grandes beneficios, pues su ascendencia lo marginaba a un cierto estado de discriminación, pues los españoles no compartían los mismos derechos que los criollos, mestizos y mucho menos con los indios de la Nueva España. Los españoles eran la autoridad, los hacendados, los poderosos, mientras que los demás, eran empleados de poca monta o criados, sobre los cuales no caía ninguna responsabilidad sobre su gobierno, de hecho eran ignorados y la educación no estaba al alcance de su mano.

Si la fortuna hubiera deseado que aquel niño llegara a ser hijo de españoles, su vida completa hubiera sido distinta, esto significaba haber sido criado de algún personaje importante quien lo tomaría bajo su ala protectora y se encargaría de su educación, y, con el tiempo, podría aspirar a algún cargo de mediana importancia en el gobierno de la Nueva España. Pero si la fortuna no hubiera querido ser tan benevolente, le hubiera permitido ser criollo, pues esto traía consigo la posibilidad de permanecer en otra minoría blanca, la cual no tenía mucha fuerza política ni social, pero sus antepasados españoles le hubieran legado alguna pequeña fortuna y tierras, en pocas palabras una vida de lujo la cual hubiera hecho menos pesada su existencia, pero esto sólo son vanos intentos, meras suposiciones con el objeto de ilustrar la diferencia de las clases sociales de la Nueva España, las cuales estaban muy bien definidas.

Pero Benito, el hijo de indígenas oaxaqueños, había nacido indio, y nada podría cambiar aquello, tan sólo el deseo ferviente de salir de esa precaria situación y forjarse un futuro tal y como lo veremos más adelante, pues al nacer ya tenía todo en contra. Los naturales de estas tierras tenía ya más de tres siglos de haber sido derrotados por los españoles al mando de Hernán Cortés, se habían acostumbrado a ser pisoteados por sus nuevo amos y señores, por lo que las injusticias que le eran cometidas las miraban con suma indiferencia. Los indios eran una raza sumisa, no tenían conciencia de la grandeza de su historia y antepasados, de sus impresionantes construcciones y cultura, la cual fue reconocida por algunos de los cronistas de los conquistadores como una sociedad mucho más adelantada y organizada que la misma sociedad española. No tenían idea de la grandeza de su raza.

Los indios no podían utilizar ropas españolas, ni poseer caballos o armas, su lugar estaba en los campos de cultivo o las minas, en el mejor de los casos como criados en alguna hacienda importante. A la llegada de los españoles los indios eran una raza rebelde, la cual no se dejaba intimidar por las armas, los castigos o los gritos de sus conquistadores y fue esa la labor de la iglesia, la cual evangelizó a miles de indios, cambió sus costumbres y creencias, el ejemplo más claro de este acontecimiento nos lo dan las crónicas de la aparición de la Virgen de Guadalupe, que nos narra que tras la apariciones los indios se acercaban por miles a las iglesias para ser evangelizados, y el estandarte de este movimiento religioso fue, sin duda, el indio Juan Diego, cuya existencia sigue siendo polémica en nuestros días.

Los españoles exigieron a los indios que derrumbaran sus templos, que eliminaran a sus dioses, y con las piedras de estos construyeron sus iglesias, lo que los españoles no calcularon fue la inteligencia de los indios, quienes construyeron los nuevos templos acomodando las piedras para que sus dioses vivieran en la casa del nuevo Dios que les había sido impuesto, esto se puede apreciar en las iglesias del centro histórico de la ciudad de México, Distrito Federal.

El pueblo de San Pablo Gelatao, se encontraba encaramando en las montañas, a setenta Kilómetros de la ciudad de Oaxaca, era en verdad un pueblo sin importancia, humilde y sin atractivo alguno; su clima era violento, pues la altura le hacía presa fácil de los helados vientos de la región, en él apenas vivía, si es que a eso se le podía llamar vivir, un reducido núcleo social formado por veinte familias, las cuales se había auto excluido del resto de la Nueva España al comunicarse exclusivamente en su idioma natal, el zapoteca. Sin embargo, el pequeño poblado era muy transitado por todos aquellos que bajaban a la ciudad de Oaxaca o subían de ella.

De vez en cuando el tedio era roto por pandillas de bandoleros o escasos visitantes que se detenían a platicar sobre lo que estaba sucediendo en el resto de la colonia, pero cuando no era así, bien se podía hacer parecer aquel poblado un pequeño pueblo fantasma. Éste era el ambiente en el que se comenzó a desarrollar Benito, apenas caminaba y no tenía

13

a dónde ir, su humilde casa era demasiado pequeña, sus padres muy pobres, por lo que se sumaba a la desolada apariencia de su pueblo natal. Cuando apenas había cumplido los tres años, Marcelino Juárez falleció, dejando a su familia en el más desesperante de los desamparos, pero su situación se empeoró cuando poco tiempo después su madre estaba en labor de parto y falleció al dar a luz a una niña, se había quedado huérfano.

Esta desafortunada situación dio inicio a la separación de la familia, comenzaron a repartir a los hermanos, Josefa, Rosa y Benito, fuero acogidos por los abuelos paternos, mientras que la recién nacida, María Longinos, fue recogida por Cecilia García.

La Nueva España

Cuando Benito alcanzó la edad de cuatro años, la situación era sumamente difícil, la sequía estaba asolando la región y las enfermedades como la tifoidea estaban ocasionando grandes estragos entre los habitantes, sin embargo, la población seguía creciendo rápidamente, pues ya alcanzaba los 6,122,354 habitantes, más del doble de cincuenta años antes, de los cuales el 60 por ciento eran indios; el 22 por ciento eran castas y el 18 por ciento eran blancos. La base de la economía era la minería, las minas de plata eran los principales proveedores del continente europeo, y por supuesto que explotaban esto, habían hecho de la Nueva España una tierra esclava.

Pero Benito Juárez no entendía nada de esto, él no sabía nada de minería y por supuesto que no tenía ninguna hacienda, así que nada de esto cruzaba por su mente. La Colonia era regida por los ricos que poseían minas y los hacendados con grandes propiedades, otro aspecto del poder en la Nueva España era el alto clero, quienes poseían magnificentes iglesias y propiedades, lo que discrepaba con la imagen de bondad y amor que supuestamente profesaba

14

al prójimo, mientras que la mayoría de la población se moría de hambre, aunado a los injustos e inhumanos tratos que sufrían los indios. La codicia de los españoles era voraz, se dice que en México quedaron las haciendas de estos, tan sólo por que no se las pudieron llevar.

Pero no todo era miel sobre hojuelas en las haciendas de la Nueva España, pues los dueños de éstas permanecían gran parte del tiempo en España y el encargado de las mismas aprovechaba para darse la gran vida, así que estas propiedades eran hipotecadas a la iglesia, a quien pagaban un interés anual de 5%, además de los acostumbrados diezmos y tasas. Pero ¿de dónde salía el capital para mantener este estilo de vida? La respuesta es sencilla, de los indios. Los hacendados explotaban a los indios de maneras inhumanas, los sometían a exageradas jornadas laborales, sumiéndolos en la miseria, quizás el relato más conocido de este tema es la canción llamada "El Barzón", en la que se narra las condiciones laborales del campesino mexicano.

Sin embargo, las tierras estaban muy mal distribuidas, pues existían muchas de ellas y muy pocos dueños, así que al aumentar la población, los problemas aumentaban en igual o mayor proporción, el hambre se estaba convirtiendo en una verdadera peste. Todo esto no preocupaba a la iglesia, quien seguía cobrando sus intereses y demás contribuciones a los habitantes de la Nueva España, además, recibía regalos, cesiones y demás ingresos que la convertían en la fuerza económica de la Colonia; tan fuerte era su poder, que solían prestar dinero a los hacendado e incluso adelantarles capital por alguna temporada de producción y ni que decir de los comerciantes.

Pero el poder de la iglesia no radicaba en sus cuantiosas fortunas, sino también, en lo que representaban, la religión era el mejor argumento para convencer a todo aquél que intentaba atacar a la misma, pues resultaría inadmisible dejar a los pobres sin la protección que el Clero les "brindaba", e incluso resultaba un sacrilegio atacar a los que representaban a Dios en la tierra y ante él responderían cuando sus vidas llegaran a su fin, así que no convenía quedar mal con los únicos mediadores entre los mortales y el Todopoderoso. Pero era innegable que el verdadero poder se encontraba en España, pues, al fin de cuentas, México era de su propiedad y ellos mandaban en este territorio, pero poco les importaban los problemas o injusticias que se cometieran en el país, siempre y cuando, la plata llegara a Europa a tiempo y sin falta.

Sin embargo, la capital mexicana tenía cierto poder por medio del precioso metal que proveía, así que solía ejercer un poco de presión en aquellos que dependían de ella, por lo que cuando España le declaró la guerra a Gran Bretaña el 12 de Diciembre de 1804, se ordenó por medio de un decreto, que los fondos de la caridad en La Nueva España fueran confiscados, pero la iglesia no se quedó con los brazos cruzados, ya que inmediatamente exigió el pago de todas las hipotecas que se le debían, así como las deudas de todos aquellos que había solicitado adelantos y préstamos a la misma. Todo esto provocó un movimiento civil en contra del injusto decreto, el cual era repudiado por todos los niveles de la sociedad, desde el rico hacendado hasta el indio más pobre, pues éste era el que verdaderamente resentía la situación, pues ahora debía trabajar el doble y recibir menos remuneración, siendo explotado de la manera más vil e inhumana.

El proceso emancipador de América

España había caído en desgracia y había llegado el momento de reformar la situación entre las colonias y la metrópoli, pero sobre todo, el papel que en ellas jugarían unos y otros (las aristocracias locales y los burócratas peninsulares). En realidad la independencia dio inicio cuando algunos criollos decidieron reemplazar a algunos burócratas, los cuales ahora no contaban con el apoyo que los había colocado en su puesto en primer lugar. La cohesión de las oligarquías locales se convirtió en uno de los problemas determinantes, que pasaba a un plano secundario ante el peligro de una sublevación indígena o de esclavos negros. Por eso, cuando en las primeras protestas mexicanas se vio la magnitud de la rebelión indígena, los sectores dominantes, criollos y peninsulares, cerraron filas y acallaron toda intentona popular. Sin embargo, en toda América latina se dieron circunstancias similares, lo cual facilitó el desarrollo de este movimiento social.

En 1810, Francia avanzaba por la Península con una fuerza imparable y el único territorio que permanecía bajo el dominio español era Cádiz. La junta de Sevilla se disolvió y el auto nominado Consejo de Regencia, establecido en Cádiz desde febrero, carecía de representatividad y por supuesto, legitimidad. Esto dejaba a las colonias americanas en una situación inmejorable, todo era propicio para redefinir su vinculación colonial. En los últimos dos años, sin un Virrey, las autoridades coloniales, las cuales habían sido designadas desde la Península o auto impuestas, habían gobernado en nombre de Fernando VII, pero contando con una gran autonomía.

A pesar de los gobernantes, especialmente los partidarios de conservar la estructura que en ese momento se sostenía en las colonias, el avance francés y la caída de Sevilla presentó el panorama ideal para la independencia. Los independentistas aparecían por todos lados y dedicaron todos sus esfuerzos a conservar la legalidad vigente y los continuadores del viejo orden colonial, aunque estaban sentando las bases de un sistema totalmente nuevo. Los de mejor posición estaban reacios a realizar grandes, por lo que los grupos sociales de menor importancia estaban con el agua hasta el cuello y sin posibilidad alguna, pero, en el momento en que el proceso revolucionario se desató, algunos cambios fueron inevitables, la mayoría de ellos se debieron a los enfrentamientos armados y a los esfuerzos de las nuevas autoridades por mantenerse en el poder.

El proceso emancipador tuvo un inicio fuerte y en muchos casos derivó en una cruenta guerra civil, sin embargo, los sublevados recibían legitimidad por parte de los cabildos, aunque estos no representaban coherentemente al grupo urbano, pues estos puestos se renovaban por cooptación, por compra o herencia, pero, en el mejor de los casos, y esto era lo que los hacían importantes para el movimiento, no recibían su poder de una autoridad central carente de legitimidad, la cual, por esos momentos, no existía.

Era frecuente que se convocara al cabildo abierto para tomar las decisiones fundamentales debido a que se trataba de una asamblea más nutrida, la cual estaba integrada por los personajes más notables de la ciudad, lo que brindaba una amplia ventaja manifiesta a las oligarquías locales frente a las burocracias administrativas. Fueron estos grupos (los cabildos) quienes establecieron juntas de gobierno en reemplazo de los antiguos gobernantes, en la mayoría del territorio. Esta situación de conflictividad se vio agravada por el Grito de Dolores, del cura Don Miguel Hidalgo y Costilla, el 16 de septiembre. Las dificultades políticas, militares y especialmente económicas de España, quien se encontraba luchando en su propia guerra de independencia, hicieron casi imposible el envío de tropas para intentar reconquistar las colonias. Estos esfuerzos lograron cristalizarse hasta el año de 1814, en el que se logró hacer una fuerza militar de considerable número con este fin, sin embargo, sus logros sólo dieron frutos en Venezuela y Nueva Granada.

Cuando Fernando VII regresó al trono de España, se dio a la tarea retomar la lucha contrarrevolucionaria, pero en verdad, nunca se resignó a la independencia de las colonias e hizo de la reconquista de las mismas el motivo central de su existencia, pero los recursos económicos con los que contaba para poder financiar las expediciones militares eran casi nulos. Creó la Comisión de Reemplazos para intentar reunir cierto capital para afrontar el envío de tropas, sin embargo, tenía la esperanza de que la mayor parte del dinero para dicha labor proviniera de América o del comercio colonial, por lo que por medio del Consulado de Cádiz, la Comisión de Reemplazos solicitó ayuda a los consulados americanos de las regiones adonde se habían enviado tropas, pero los únicos que aportaron dinero fueron

José María Morelos y Pavón, sería el encargado de continuar la obra de Hidalgo.

19

el Consulado de Lima (2 millones de reales) y el de La Habana (4 millones), pues en México las regiones de Guadalajara y Veracruz se negaron a aportar dinero alegando que tenían otros problemas y les era imposible realizar su aportación.

Ahora el final estaba cerca y el proceso era completamente irreversible, en Sudamérica se dieron muchas circunstancias, las cuales no tocaremos en este libro, tan sólo nos enfocaremos en México, así que la aparición de Miguel Hidalgo y José María Morelos daría inicio a una nueva era.

Capítulo II

Independencia

Miguel Hidalgo y Costilla

n el año de 1808, la situación social del país era sumamente precaria e inestable, la hambruna comenzaba a recorrer el territorio sembrando descontento y rabia; las minas y la producción textil detuvieron su marcha, lo cual ocasionó el primer levantamiento. Este el entorno que permitió la aparición de uno de los hombres más importantes de la historia de México, se trataba del hijo del administrador de una importante hacienda y párroco de Dolores, y además un líder incuestionable, un criollo llamado Miguel Hidalgo y Costilla.

El cura de Dolores conocía bien la situación de los indígenas y demás clases subyugadas por el imperio español, había intentado subsanar un poco la situación realizando un modesto programa industrial en su parroquia por medio del cual impulsaba la manufactura de cerámica nativa además de la producción de seda, curtidos, telares y vinicultura en un mercado local. Esta condición de cura y benefactor social era imprescindible para la causa criolla pues era el vínculo con los indígenas, pues los conspiradores no ofrecerían nada a estos últimos.

Para el año de 1810 un nuevo virrey llegó a México por lo que Venegas y sus conspiradores fueron expuestos, los más importantes personajes de la ciudad de Querétaro habían quedado al descubierto, esto adelantó los planes de

Hidalgo y los demás conspiradores, pues habían previsto el inicio del levantamiento para el 21 de septiembre, pero estos sucesos habían apremiado los planes y ahora se daría inicio el 16 del mismo mes. En el atrio de la iglesia de Dolores, el cura Hidalgo lanzó su histórico grito: "por la independencia, por el rey, por la religión, por la virgen india de Guadalupe y contra los peninsulares".

Aquel grito había hecho hervir la sangre de todos los indígenas oprimidos que se habían dado lugar en la iglesia, así como también algunas castas se unirían a las fuerzas rebeldes, su armamento era casi insignificante, algunos con palos y piedras, otros, la mayoría, armados únicamente con un machete, pero todos ellos decididos a ofrendar su vida en aras de la independencia. Estos hombres fervorosos, iniciaron su avance hacia la ciudad de Guanajuato, la cual tomaron después de una cruenta batalla el día 28 de septiembre, allí se realizó una sanguinaria matanza en la alhóndiga, en la cual fueron asesinados los soldados, así como también los notables de la ciudad quienes habían acudido a protegerse a dicho lugar. Este hecho restaría contenido al movimiento emancipador, y durante una década le quitaría todo respaldo oligárquico.

Tras la toma de Guanajuato, los obreros de las minas, abandonaron sus trabajos y se unieron al ya cuantioso contingente, por lo que para el mes de octubre, los integrantes de las fuerzas rebeldes de Hidalgo ya sumaban poco más de 60,000 hombres, de los cuales no eran más de cien los criollos de la milicia, así que los intereses del contingente habían nacido confusos, pero el tiempo había aclarado las conciencias de cada uno de los que lo formaban, por fin se tenían claros los fines y las metas: independencia y libertad. Esto sonaba muy bien, pero esto no convendría totalmente a los criollos, pues era inminente la abolición del tributo del indio, el secuestro de propiedades, aprisionamiento de los europeos y ya en Guanajuato se había visto la capacidad para el pillaje y matanza de las fuerzas rebeldes. El bienintencionado cura, claramente no podría contener la bola de nieve que él mismo había desatado.

El avance de los rebeldes (una masa mal armada de indios y mestizos) lograron tomar con cierta dificultad las ciudades de Querétaro, San Luis Potosí y Guadalajara; esta última fue tomada por los hombres de José Antonio Torres, un contingente formado por rebeldes criollos y terminaron uniéndose a Hidalgo. Mientras tanto, en la ciudad de México, una bien organizada red de espionaje al servicio de la independencia formada por cerca de veinte criollos, era el proveedor de armas, información y propaganda, pero la actividad de ésta se daba en la periferia de la ciudad, pues el movimiento independentista era un movimiento de masas populares, las cuales se sentían atraídas a la causa gracias a las constantes ampliaciones de las promesas del cura, pues la abolición del tributo del indio, la abolición de la esclavitud bajo pena de muerte y la devolución de las tierras que por derecho pertenecían a las comunidades indígenas, eran sus cartas más fuertes, sin embargo, sus alcances nunca fueron lo suficientemente fuertes para poder establecer los mecanismos sociales que lograran sus planes.

Hidalgo no era un político, sus únicos intereses eran andar por los caminos con sus hombres, pero su movimiento se fue minando debido al mal comportamiento de sus hombres, quienes sembraban destrucción y terror por donde pasaban. El avance de las tropas de Hidalgo continuó hasta la ciudad de México y, a las puertas de la misma, los 80.000 hombres de Hidalgo fueron derrotados por los 7.000 del ejército del general Trujillo, que sin embargo sufrió serias pérdidas. Trujillo y los sobrevivientes se retiraron a la capital, que estuvo a un paso de ser conquistada, pero Hidalgo prefirió retroceder para reorganizarse, sin embargo esta decisión resultaría equivocada y a la larga, mortal; pues aquella retirada terminaría convirtiéndose en fuga y tras corroer hacia el Norte del país, Hidalgo fue capturado en Chihuahua el 21 de marzo de 1811 y posteriormente ejecutado junto con los hombres que le acompañaban.

Pero la muerte del ahora llamado "Padre de la Patria" no terminó con el movimiento de independencia, pues las fuerzas rebeldes, quienes siempre se encontraron en desventaja debido a las raquíticas armas que tenían a su disposición además de su minoría numérica encontrarían a otro importante líder. Mientras los criollos celebraban la muerte del cura Hidalgo y con él su movimiento, en otra parte del país las fuerzas rebeldes se reorganizaban y reconocían a otro sacerdote como líder, se trataba de José María Morelos y Pavón, cura rural e hijo de una humilde familia de mestizos.

Un año después, tras haber entrenado y organizado a sus hombres, el nuevo líder de la independencia, quien había comprendido el precio que se paga por la insubordinación, decidió comenzar la lucha, esta vez su objetivo era el sur de la Nueva España, dedicaba todos sus esfuerzos a dominar las costas. Morelos intentó tomar la ciudad de Puebla, pero fue repelido, sin em-

Miguel Hidalgo y Costilla había comenzado un movimiento que tardaría muchos años en consumarse.

bargo, no se rindió y avanzó hasta la ciudad de Oaxaca y la tomó en el mes de noviembre de 1812. En la localidad de Aguacatillo, en 1810, había hecho la promulga de que, a excepción de los europeos, todos los demás habitantes dejarían de ser llamados indios, mulatos ni otras castas, ahora todos ellos serian referidos como "americanos".

Este fue el inicio de sus demás proclamas, pues de ésta derivaron la abolición del tributo indio, la esclavitud (5 de octubre de 1813) y proponía que las tierras debían pasar a ser propiedad de aquél que las trabaja, por lo que los indios, ahora llamados americanos, debían ser los dueños de las mismas. Su programa incluía la abolición de las diferencias de castas y la subdivisión de los grandes latifundios cañeros en manos de los contrarrevolucionarios. A fin de institucionalizar la revolución convocó un Congreso en Chilpancingo y a ellos presentó su programa. En un exceso de confianza y legalidad, Morelos aceptó mansamente las resoluciones del Congreso, las cuales resultaban sumamente contradictorias y que, finalmente, terminarían acabando con la revolución y con el propio Morelos que sería ejecutado en 1815. El pensamiento radical de Morelos logró fortalecer los vínculos entre criollos y peninsulares, los cuales apostaban por la defensa de la legalidad vigente. La jerarquía eclesiástica, que había visto amenazadas sus propiedades y sus posiciones por los independentistas, terminó por anexarse a la coalición oligárquica.

Fueron las propias elites mexicanas las que devolvieron a México a su lugar en el imperio, entregando su patria a los españoles. En España se había logrado el triunfo liberal y en 1820, la vuelta al orden constitucional perturbó la situación en México. Los antiguos partidarios de la monarquía, estaban sumamente temerosos de esta situación y de los liberales, quienes podían apoyar y lanzar nuevos cambios desde la metrópoli, pusieron todas sus esperanzas en la independencia. Agustín de Iturbide, quien jugaría un papel principal en la historia, por cierto, nada grato, fue un niño inteligente y que desde pequeño ya daba señales de ser cruel y despiadado, ya que cortaba a las gallinas los dedos de las patas tan sólo para verlas caminar con los muñones, años mas tarde, esa crueldad seria su marca en el campo de batalla, en el cual, como todo criollo, defendía los intereses del imperio en contra de los llamados insurgentes. Su espada dio muerte a cientos de ellos, su llegada a alguna población era señal de que una carnicería se iba a llevar a cabo.

Iturbide, militar de origen criollo, se pronunció por la independencia cuando en otro tiempo se había esforzado en acabar con ellos. En unión con Vicente Guerrero, un viejo resistente de la época de Morelos, trazó el Plan de Iguala, que proclamaba la independencia de México (aunque el criollo se ufanaba en decir que había sido de su total concepción), y por medio del cual se garantizaba que este país sería gobernado por un infante español, el cual sería designado por Fernando VII. A continuación se expone una breve trascripción de este importante documento:

PLAN DE IGUALA

"*¡Americanos! Bajo cuyo nombre comprendo no sólo a los nacidos en América sino europeos, africanos y asiáticos que en ella residen, tened la bondad de oírme. Las naciones que se llaman grandes en la extensión del globo, fueron dominadas por otras; y hasta que sus luces no les permitieron fijar su propia opinión, no se emanciparon. Las europeas que llegaron a la mayor ilustración y política fueron esclavas de la Roma, este Imperio, el mayor que se conoce en la Historia, asemejó al padre de familia que en su ancianidad mira separarse de su casa a los hijos y nietos por estar ya en edad de formar otras y fijar por sí, conservándole sólo el respeto, veneración y amor como a su primitivo origen.*

Trescientos años hace la América Septentrional de estar bajo la tutela de la nación católica y piadosa, heroica y mag-

nánima. La España la educó y la engrandeció, formando ciudades opulentas y esas provincias y reinos dilatados, que en la Historia del Universo van ocupar lugar muy distinguido, aumentadas la población y las luces, conocidos todos los ramos la natural opulencia del suelo; su riqueza metálica, las ventajas de situación topográfica; los daños que origina la distancia del centro de su Ciudad, y que ya la rama es casi igual al tronco, opinión pública y la que de todos los pueblos es de la independencia absoluta de la España y toda otra Nación. Así piensa el europeo, y así los americanos de todo origen.

Esta misma voz que resonó en el pueblo de los Dolores el año de 1810, y que tantas desgracias originó al bello país de las delicias por el desorden, el abandono, y otra multitud de vicios, fijó también la opinión pública de que la unión que, entre americanos y europeos, indios e indígenas sea la única base sólida en que puede descansar nuestra común felicidad. ¿Y quién pondrá duda en después de la experiencia horrorosa de tantos desastres, no haya uno siquiera que deje de pen- en la unión para conseguir tanto bien?

¡Españoles europeos! Vuestra Patria es la América por que en ella vivis; en ella tenéis a vuestras amadas mujeres, a vuestros tiernos hijos, vuestras haciendas, comercio y bienes. ¡Americanos! ¿Quién de vosotros puede decir que no desciende de español? Ved la cadena dulcísima que nos une: añadid los otros lazos de la amistad, la dependencia e intereses, la educación divina, y la conformidad de sentimientos y veréis son tan estrechos y tan poderosos que la felicidad común de todo el reino, es necesario la hagan todos reunidos en una sola opinión y en una sola voz.

Es llegado el momento en que manifestéis la uniformidad de sentimientos, y que nuestra unión sea la mano poderosa que emancipe a la América sin necesidad de auxilios extraños. Al frente de un ejército valiente y resuelto ha proclamado la independencia de la América Septentrional.

Es ya libre, es ya señora de sí misma, ya no reconoce ni depende de la España ni de otra nación alguna. Saludadla todos como independiente y sean vuestros corazones bizarros y vuestros fuertes brazos los que sostengan esta dulce voz, unidos con las tropas que lían resuelto morir, antes que separarse de tan heroica empresa.

No la anima otro deseo al ejército que el conservar pura la santa religión que profesamos y hacer la felicidad general. Oíd, escuchad las bases sólidas en que funda su resolución.

1.- *La religión de la Nueva España, es y será la católica, apostólica, romana, sin soberanía de otra alguna.*

2.- *La Nueva España es independiente antigua y de toda otra potencia, aun de n continente.*

3.- *Su gobierno será monarquía moderada con arreglo a la constitución peculiar y adaptable del reino.*

4.- *Será su Emperador el señor don Fernando VII, y no presentándose personalmente en México dentro del término que las Cortes señalasen a prestar el juramento, serán llamados en su caso el serenísimo señor infante don Carlos, el señor Francisco de Paula, el archiduque Carlos u individuo de casa reinante que estime por conveniente el Congreso.*

5.- *Ínterin las Cortes se reúnan, habrá junta que tendrá por objeto tal reunión y hacer se cumpla con el Plan en toda su extensión.*

6.- *Dicha junta, que se denominará GUBERNATIVA, debe componerse de los vocales que habla la carta oficial dirigida al excelentísimo señor virrey.*

7.- *Ínterin el señor don Fernando VII se presenta en México y hace el juramento, gobernará la junta a nombre de Su Majestad, en virtud juramento de fidelidad que le tiene prestado nación; sin embargo de que se suspenderán todas las órdenes que diese, ínterin no haya prestado dicho juramento.*

8.- *Si el señor don Fernando VII no se dignare venir a Méxi-*

co, ínterin se resuelve el Emperador que debe coronarse, la junta o la regencia andará en nombre de la nación.

9.- Este gobierno será sostenido por el ejército de las Tres Garantías, de que se hablará después.

10.- Las Cortes resolverán la continuación de la junta o si debe sustituirla una regencia, ínterin llega la persona que deba coronarse.

11.- Las Cortes establecerán enseguida la constitución del imperio mexicano.

12.- Todos los habitantes de la Nueva España, sin distinción alguna de europeos, africanos ni indios, son ciudadanos de esta monarquía con opinión a todo empleo, según su mérito y virtudes.

13.- Las personas de todo ciudadano y sus propiedades serán respetadas y protegidas por el gobierno.

14.- El clero secular y regular será conservado en todos sus fueros y preeminencias.

15.- La junta cuidará de que todos los ramos del Estado queden sin alteración alguna, y todos los empleados políticos, eclesiásticos, civiles y militares, en el estado mismo en que existen en él.

16.- Se formará un ejército protector que se denominará de las Tres Garantías, porque bajo su protección toma, lo primero, la conservación de la religión católica, apostólica romana, cooperando por todos los medios que estén a su alcance para que no haya mezcla alguna de otra secta y se ataquen oportunamente los enemigos que puedan dañarla; lo segundo, la independencia bajo el sistema manifestado; lo tercero, la unión de americanos y europeos; pues garantizando bases tan fundamentales de la felicidad de España, antes que consentir la infracción de ellas, se sacrificará dando la vida del primero al último de sus individuos.

17.- Las tropas del ejército observarán la exacta disciplina a la letra de las ordenanzas, y los jefes y oficialidad continuarán balo el pie que están hoy; es decir, en sus respectivas *clases con opción a los empleos vacantes y que vacasen por los que no quisieren seguir sus banderas o cualquiera otra causa, y con opción a los que consideren de necesidad o conveniencia.*

18.- *Las tropas de dicho ejército se considerarán como de línea.*

19.- *Lo mismo sucederá con las que sigan luego este Plan. Las que no lo difieran, las del anterior sistema de la independencia que se unan mediatamente a dicho ejército, y los paisanos que intenten alistarse, se considerarán como tropas de milicia nacional, y la forma de todas para la seguridad interior y exterior del reino la dictarán las Cortes.*

20.- *Los empleos se concederán al verdadero mérito, en virtud de informes de los respectivos jefes y en nombre de la nación provisionalmente.*

21.- *Ínterin las Cortes se establecen, se procederá en los delitos con total arreglo a la Constitución española.*

22.- *En el de conspiración contra la independencia, se procederá a prisión. Sin pasar a otra cosa hasta que las Cortes decidan la pena al mayor de los delitos, después del de lesa Majestad divina.*

23.- *Se vigilará sobre los que intenten fomentar la desunión, y se reputarán como conspiradores contra la independencia.*

24.- *Como las Cortes que van a instalarse han de ser constituyentes, se hace necesario que reciban los diputados los poderes bastantes para efecto; y como a mayor abundamiento es de mucha importancia que los electores sepan que sus representantes han de ser para el Congreso de México y no de Madrid, la junta prescribirá reglas justas para las elecciones y señalará el tiempo necesario para ellas y para la apertura del Congreso. Ya que no puedan verificarse las elecciones en marzo, se estrechará cuanto sea posible el término.*

Americanos: he aquí el establecimiento y la creación de un nuevo Imperio. He aquí lo que ha jurado el éxito de las tres garantías cuya voz lleva el que tiene el honor de dirigirla. He aquí el objeto para cuya cooperación hoy invita, no se os pide otra cosa que la que vosotras mismas debeis pedir y apetecer: unión, fraternidad, orden, quietud interior, vigilancia y horror a cualquier movimiento turbulento. Estos guerreros no quien otra cosa que la felicidad común, unías con su valor para llevar adelante una empresa por todos aspectos (si no por la pequeña parte que en ella he tenido) debo llamar heroica.

No teniendo enemigos que batir confiemos en el Dios los Ejércitos que lo es también de la Paz, que cuantos componemos este cuerpo de fuerzas combinadas en europeos y americanos, de disidentes y realistas seremos unos meros protectores, unos simples espectadores de la obra grande que os he trazado, y que retocarán y perfeccionarán los Padres de la Patria. Asombrad a las Naciones de la cultura Europea, vean que la América Septentrional emancipó sin derramar una sola gota de sangre. En el transporte de vuestro júbilo decid: Viva la Religión Santa que profesamos. Viva la América Septentrional independiente en todas las Naciones del globo. Viva la unión que hizo nuestra felicidad.

Iguala 24 de Febrero de 1821.

Agustín de Iturbide y Aramburu.

El plan parecía infalible, establecía la independencia, la unidad en el catolicismo y la igualdad entre peninsulares y criollos. Pero Fernando VII evadió atenerse al previo acuerdo a este arreglo e Iturbide, quien ya era reconocido como un brillante militar y tenía gran fama entre la población, comenzó a recibir adhesiones de todo el país, así que el 27 de septiembre de 1821, el independentista entró triunfador en la capital y, desde allí, sentaría las bases de un nuevo

Imperio mexicano. Una de las primeras medidas de Iturbide fue proponer a las autoridades centroamericanas que se adhirieran al Plan de Iguala. El 15 de septiembre de 1821 en la ciudad de Guatemala se votó por la independencia y la anexión al Imperio mexicano.

Es necesario comentar que Iturbide llegó al poder seguido de una gran cantidad de lujos, los cuales no podían ser sostenidos por las arcas de la nación, así que esto y sus arbitrarios manejos de la política, le trajeron muchos enemigos, mismos que se encargaron de que fuera desterrado hacia Italia con la promesa de nunca volver, pero sus inquietudes y los aduladores lo hicieron regresar a este país para encontrar sólo la muerte, fue pasado por las armas, cuando su regreso se debía a la intranquilidad del país y no a su deseo de ocupar el trono que le había sido arrebatado.

Agustín de Iturbide, un personaje sumamente controvertido en la historia de México.

Capítulo III
Adolescencia y despertar

Tras la orfandad

Sus padres habían muerto y sus hermanos habían sido repartidos entre varios familiares, y ese también era su caso, sus abuelos lo habían recogido, pero esto fallecieron al poco tiempo y sus hermanas se habían casado, así que estaba completamente solo, por lo que fue llevado a casa de su tío Bernardino Juárez, un hombre humilde que vivía de las labores del campo. Benito se dio cuenta de su panorama y sabía que tenía que ganarse el pan diario de alguna manera, así que se unió a su tío en sus labores, pues sus padres no le habían dejado absolutamente nada más que un gran vacío.

Esta etapa de su vida es sumamente oscura, apenas sabemos que sus días transcurrían en el cuidado de un pequeño rebaño de ovejas que pertenecían a su familiar; como todos los niños, tenía un grupo de amigos que acudían al campo a jugar con él y en su compañía acudían a divertirse a la laguna encantada. Él mismo, en sus memorias "Apuntes para mis hijos" colabora en oscurecer aún más esta etapa de su vida, pues afirma que en San Pablo Gelatao no existía ninguna escuela, sin embargo, se tienen noticias de que no era así.

La relación con su tío es motivo de cierta polémica, pues en sus memorias también comenta que fue Bernardino quien en sus ratos libres le enseñaba a leer y hablar castellano;

esto es un punto innegable de la vida de Juárez, pues tenía un insaciable apetito de conocimiento, es en este punto donde se asemeja la historia de otro gran hombre, Abraham Lincoln, quien sentía una gran admiración por el Presidente mexicano, pues ambos habían nacido en cuna muy humilde y gracias a su afán de superación y disciplina, habían logrado llegar a la cumbre del poder de sus respectivos países; pero retomando el punto a discusión, se dice que Bernardino era aficionado a las bebidas alcohólicas y solía golpear a su sobrino, sin embargo es indudable su influencia en el pensamiento del jovencito oaxaqueño.

Bernardino no fue la única influencia para que Benito aprendiera a hablar el idioma castellano y a leer, pues varios de sus conocidos también lo hacían, e incluso varios de ellos ejercían el sacerdocio, lo cual seguramente lo motivó a salir de su ignorancia y entregarse al aprendizaje. Se dice que al momento de tomar las lecciones con su tío, él mismo le pedía que lo disciplinara con un castigo físico cada vez que no supiera la lección. Pero las arduas labores del campo no conocen de descanso, por lo que el tiempo libre era escaso y el avance educativo del niño era casi nulo, así que esta situación le hizo despertar en su cabeza la creencia de que sólo saliendo de aquel pueblo y marcharse a la ciudad era la única manera de aprender.

La situación económica de los oaxaqueños marginados no era nada buena, sin embargo, existían algunos que lograban pagar una pensión y mandaban a sus hijos a estudiar a Oaxaca, mientras que otros enviaban a sus vástagos a convertirse en sirvientes de alguna casa particular con la única condición de que les enseñaran a leer y escribir, pero esto dejaba un panorama sumamente raquítico, por lo que el siguiente paso lógico era adoptar la carrera religiosa, la cual siempre se encontraba al alcance de la clase indígena.

Bernardino apoyaba y alentaba a su sobrino a que dejara el pueblo, pero nunca le decía cuándo o lo llevaba a la ciudad, así que el día miércoles 17 de 1818, Benito se fugó de su casa y viajó hasta la capital. El motivo de su repentino abandono de la casa de su tío es tema de polémica, pues algunos sostienen que había robado unos elotes, mientras que otro afirma que unos bandoleros se detuvieron a charlar con él mientras cuidaba su rebaño y en el descuido, le robaron varias ovejas, sin embargo, el registro municipal nos dice que el niño pastor, en un descuido, permitió que sus ovejas se dirigieran a una sementera cercana y causaron graves daños a la propiedad por lo que fue detenido para que respondiera por los daños; sin embargo, todas estas versiones tienen algo en común, aquel niño había huido debido al gran temor que le tenía a su tío, a quien con el tiempo, logró perdonar y agradecerle todo el apoyo que le había brindado.

La llegada a Oaxaca

Tras haber escapado del hogar de su tío, aquélla noche del mes de diciembre, Benito caminó más de setenta Kilómetros hasta la ciudad de Oaxaca, así que el cansancio lo llevó a pedir alojamiento en la casa de un adinerado comerciante de nombre Antonio Maza, en esa casa trabajaba su hermana María Josefa, se desempeñaba como cocinera, quien lo recibió amorosamente, pero no podía quedarse allí por mucho tiempo, tenía que encontrar la manera de ganarse la vida, por lo que resultaba apremiante encontrar una casa en la que pudiera servir y así poder seguir aprendiendo.

Tres semanas después, la suerte del pequeño indígena comenzó a cambiar, llegó a la casa de Don Antonio de Salanueva, quien era un buen hombre, piadoso, culto y con un especial interés por la educación de los jóvenes, sin embargo, también era un hombre entregado a la religión y miembro de la orden de San Francisco, pero en muchos aspectos, aquel hombre era completamente liberal. Salanueva, quien trabajaba como encuadernador, ocupaba a Benito en las labores domésticas y algunos trabajos particulares, pero le ofrecía tiempo para ir a la escuela real y acceso a una pequeña biblioteca de su propiedad.

Todo esto estaba muy bien, pero aun después de haber salido de su pueblo natal y haber caminado tantos Kilómetros, Benito tenía un gran problema, su conocimiento del castellano era todavía muy reducido, tenía trece años y esto le hacia sentirse marginado y señalado, pues en la escuela no le enseñarían a hablar y pronto comenzarían las distinciones entre los maestros y sus compañeros. La educación se dividía en las aulas, pues a los niños de buena cuna, les enseñaba un maestro, el cual ponía toda su atención en el desarrollo educativo de los infantes, mientras que a los menos agraciados, les impartía las lecciones un ayudante del maestro, y éste no ponía mucho afán en enseñar a los indios, no tenía por qué, pues aquellos niños nunca necesitarían de mayor educación.

Las lecciones diarias comprendían la lectura, escritura y aprendizaje memorizado del catecismo, el cual era impertido por el sacerdote Ripalda, pero la gramática castellana no era una materia recurrente, era impartida de vez en cuando, tan sólo para que aprendieran lo básico. Este tipo de enseñanza y su escaso dominio del castellano, hicieron que el avance educativo de Juárez fuera casi nulo, así que apreciando que no aprendería nada en aquella escuela, Benito decidió aprender por sus propios medios, así que se sumergió en la biblioteca de Salanueva y, poco a poco, su manejo del idioma fue mejorando. Durante esta etapa, todo aquél que le recordaba lo tenía en la mente como un jovencito humilde, trabajador, muy estudioso y que siempre llevaba un libro bajo el brazo.

El seminario era un paso lógico en la vida de Juárez, durante sus primeros días en Oaxaca se percató del respeto y prestigio que el conocimiento adquirido en la institución eclesiástica proporcionaba a los egresados, sin importar que este conocimiento fuera real o no. El consejo de su tío y la influencia de sus conocidos comenzó a fraguar en su mente, ahora sabía que debía entrar en el seminario. Mientras tanto, México seguía inmerso en el proceso libertador, los conflictos entre México y España seguían su curso. Los liberales habían logrado obligar a Fernando VII a firmar la constitución de 1812, en la cual atacaban directamente y sin miramientos a los privilegios y favoritismos del antiguo régimen colonial.

Las Cortes de 1820, revolucionaron el panorama social y político al reducir el poder del clero con los decretos

Fernando VII, ahora debía reconocer la independencia de México.

anticlericales, además abolieron los mayorazgos, repartimientos y trabajos forzados, eliminaron el fuero del ejército colonial y le dieron la oportunidad y el derecho a una buena parte de la población de participar en las elecciones al otorgarle el derecho al voto a los que no fueran indios o castas. Estas nuevas leyes harían su llegada a México en 1821 en el mes de enero, y con su llegada comenzó una nueva era de problemas, pues el clero, los terratenientes y la oligarquía estaban sintiendo terror por la pérdida del poder que hasta entonces habían gozado, no podían permitir que un nuevo orden se cimentara en México.

Así que los mismos criollos que se habían opuesto y luchado contra la independencia, ahora la abrazaban al sentirse sin el apoyo de España, el cual les garantizaba cierto control aristocrático y ahora debían poner todo su esfuerzo en mantener la herencia colonial. Esta lucha fue encabezada por la figura de Agustín de Iturbide, como ya lo vimos en el capítulo anterior, quien apoyado por Vicente Guerrero dio a conocer el Plan de Iguala y la bandera trigarante (religión, independencia y unión), de esta manera se estaban aliando las fuerzas más poderosas y preocupadas de la incipiente nación, por ahora, los mexicanos eran todos iguales, habían desaparecido las distinciones de indios y criollos o mestizos, de la misma manera que los cargos públicos eran abiertos a cualquier mexicano.

El 24 de agosto de 1821, Juan O'Donojú, quien era el Jefe Político Superior de España, llegó al puerto de Veracruz y allí se firmó el tratado de Córdoba, por medio del cual, España reconocía a México como una nación soberana e independiente, y de esta manera, el ejército trigarante pudo ocupar la ciudad de México el 28 de septiembre, estableciendo un gobierno encabezado por una regencia de cinco miembros el cual encabezaba el mismo Agustín de Iturbide. Ese mismo día se firmó la declaración de independencia del ahora llamado "Imperio Mexicano".

En estos días, Juárez contaba con apenas quince años de edad, estaba decidido a cambiar la manera en que lo veían, iba a ganarse el respeto de todos aquellos que lo rodeaban, por lo que, tras haber solicitado el permiso de Salanueva quien veía con buenos ojos esta decisión, Benito se inscribió en el seminario como alumno externo, de esta manera podía seguir al servicio de aquel encuadernador y estudiar al mismo tiempo. En año de 1821, sentó graves complicaciones educativas para el joven Juárez, pues comenzaba a estudiar la gramática latina y aún no conocía la castellana, sin embargo, la determinación y coraje de este hombre lo llevaron a conseguir una calificación excelente en sus exámenes finales.

Benito era un motivo de gran orgullo para su padrino, como llamaba afectuosamente a Salanueva, así que este sugirió que tomara el curso de Teología moral, así, dentro de un año, podría ordenarse sacerdote, pero esto no agradaba a Benito, quien sabía que aquellos que sólo estudiaban Teología y Gramática latina, eran conocidos como ignorantes, además sólo podían ganarse la vida diciendo misas, y eso era algo que él no deseaba, así que a la edad de 17 años, Benito consiguió la aprobación de su padrino para dedicar sus esfuerzos al estudio de filosofía y artes. Hasta ese día, el destino del jovencito de Guelatao era, sin duda, la carrera eclesiástica que por cierto, le disgustaba enormemente, pero los sucesos del país, le producirían una honda impresión.

En el Congreso, el clima era de temor absoluto debido al inestable clima político del país, además, el ejército había presionado para elevar a Iturbide al rango de Emperador de México bajo el nombre de "Agustín I" y quien fue coronado y ungido en la catedral de la ciudad de México. El emperador se rehizo a sí mismo y trató de inventar una manera eficaz de salir de la quiebra en la que estaba sumido el país, las condiciones eran totalmente adversas, pues en la guerra se había perdido el 10% de la población, es decir un aproximado de 600,000 hombres y ni que decir del capital que los españoles en franca retirada se habían llevado consigo.

La producción en la industria minera se había mermado en un 75% y la agricultura a un 50%, los demás aspectos de la economía mostraban una igual y preocupante disminución, por lo que era necesario y apremiante poner orden a los asuntos del país, pero el nuevo y flamante emperador no era una lumbrera en cuanto a economía se refería. Estos acontecimientos se vieron incrementados en su gravedad con la desaparición del Congreso, el cual fue sustituido por la "Junta Instituyente", la cual no era más que un miembro del poder sujeto a la voluntad del nuevo emperador. Todo esto provocó una severa reacción del pueblo, quien encabezado por Antonio López de Santa Anna y el general republicano Guadalupe Victoria.

El plan de estos hombres estaba perfectamente definido, era necesario derrocar a Iturbide, restaurar el Congreso y establecer las tres garantías, por lo que el 19 de marzo de 1823, el emperador abdicó dando lugar a la transformación del país en una república, mientras que éste fue exiliado. Los encargados de la expulsión de Iturbide se dieron a la pronta tarea de convocar a la asamblea constituyente que elaboró la constitución de 1824, en la cual de delimitaba el territorio nacional en diecinueve estados con iguales derechos, se abolieron los decretos anticlericales de las Cortes, manteniendo de esta forma, los fueros del clero y el ejército. Todo esto había cambiado en muy poca cantidad al país, pues pareciera que sólo se había cambiado a españoles por criollos. La iglesia conservó sus propiedades y dinero, mientras que los indios seguían sumidos en la miseria y pagando al clero los mismos tributos que antes habían pagado.

Oaxaca recibió los beneficios de su nuevo liberalismo, así que se creo una legislatura estatal cuyo principal interés era crear un sistema de estudio mucho más amplio y alejado del clero, y así fue creado el Colegio Civil. Esta institución era conocida como el Instituto de Ciencias y Artes, y donde Juárez recibiría una gran educación que le haría sentirse agradecido con el gobierno. Para 1827, ya se había graduado de bachilleres y bajo la sutil, pero férrea presión de Salanueva, comenzó sus estudios de Teología y un año después se cambió al instituto a estudiar la carrera de leyes. Este cambio hizo a Juárez tener más conciencia acerca de los asuntos que aquejaban al país, sin embargo, la calidad del plantel en cuanto al material humano era deficiente, pues los maestros apenas lograban aventajar a los alumnos.

Sin embargo, la metodología educativa del Instituto fue rápidamente el objetivo de la ira de la Iglesia, lo llamaban "casa de prostitución" y a los catedráticos les llamaban "herejes y libertinos", por lo que los padres comenzaron a dejar de enviar a sus hijos a ese centro de estudios y los pocos que acudían, eran mal vistos y excomulgados, esa era la realidad diaria de aquellos estudiantes. Este clima de acoso por parte de la iglesia desarrolló en Juárez un cierto resentimiento hacia el clero, pero lo más importante, desarrolló un interés por la política y sus accionares.

El mismo año en que Juárez ingresó a estudiar leyes, se realizaron elecciones presidenciales bajo el amparo de la constitución de 1824, había llegado el turno de que Guadalupe Victoria dejara el poder y los cediera a cualquiera de los dos opositores, uno de ellos era Vicente Guerrero, quien era un héroe de la causa federalista y el otro era Gómez Pedraza, quien apostaba por una forma de gobierno centralizada. Al final, la victoria sonrió a este último, ocasionando que los seguidores de Guerrero se levantaran en armas. En el sur del país se encontraba el general Juan Álvarez y Santa Anna se encontraba en Veracruz, ambos se levantaron a favor del derrotado federalista.

Santa Anna cruzó por Oaxaca para reunirse con Álvarez, así que la ciudad se convirtió en campo de batalla, pero al final, el levantamiento triunfó debido a una revuelta en la capital y la ciudad de Oaxaca celebró aquel suceso. Pero para el año de 1829, los españoles tenían la firme intención de recuperar el país, así que enviaron tropas a Cuba, las mismas que se apoderaron del puerto de Tampico, por lo que se realizó un reclutamiento en Oaxaca para preparar la defensa de la ciudad, así que los estudiantes del Instituto se aprestaron a enlistarse, el mismo Benito Juárez recibió el nombramiento de teniente en una de las compañías, sin embargo, esta primera incursión en la vida pública y política del país no tuvo mayor relevancia debido a la fiebre amarilla y la eficacia de las fuerzas de Santa Anna, quienes con rapidez repelieron el intento de invasión. Sin embargo, Santa Anna regresó del puerto para unirse a Bustamante y derrocar a Guerrero.

Las preocupaciones de Juárez en esos días, distaban mucho del papel que llegaría a desarrollar en la historia y gracias a su dedicación y esfuerzo, logró ser nombrado profesor sustituto de física en el año de 1830, su sueldo era de 30 pesos, así que por fin podría mantenerse a sí mismo y abandonó la casa de su padrino Salanueva. Un año más tarde, terminó la carrera y comenzó a trabajar en un Bufete legal propiedad de Don Tiburcio Cañas. En otra parte del país, en el año de 1831, Guerrero había sido derrocado, perseguido y delatado, por lo que en un juicio sin ninguna garantía fue procesado y ejecutado en el convento de dominico de Cuilapam, en ese mismo año, Juárez fue electo regidor del Ayuntamiento de Oaxaca.

Pero los problemas del país seguían creciendo, ahora se derrocaría al recién nombrado Presidente Bustamante, el líder de este movimiento era Valentín Gómez Farías, quien elaboró el Plan de Zacatecas, Santa Anna, fue seducido por una nueva esperanza de libertad, prestó su apoyo, armas y dirección, así que al final del conflicto, Santa Anna fue nombrado Presidente y Gómez Farías fue Vicepresidente. Pero al Presidente no le interesaba mucho la vida política, así que se retiró a su hacienda mientras que el Vicepre-

Vicente Guerrero, uno de los creadores del "Plan de Iguala", aunque Iturbide diría que había sido su propia obra.

sidente hacia las reformas consideradas necesarias por los liberales.

Mientras tanto, Juárez se desempeñaba como legislador por el partido liberal, pero su postura política sólo servía para reivindicar la figura patriótica de Guerrero, acentuando su posición al pedir que los restos del caudillo fueran declarados propiedad del estado, que el convento de Cuilapam cambiara de nombre a Guerrerotitlán y en ese lugar se le-

43

vantara una tumba en honor al héroe, pero la realidad era que Juárez era un desconocido con grandes tendencia liberales, así que no pasó a mayores.

Mientras tanto, en la capital, Gómez Farías seguía haciendo reformas, entre las que secularizaba la educación, cerró la Universidad Pontificia, abolió la coacción civil en el cobro de los diezmos eclesiásticos, eliminó la validez de los votos monásticos, se prohibió por motivos de higiene la exhumación en los templos y expulsó del país a ciertos obispos españoles. Esto resultó un suceso benéfico en la vida de Juárez, pues no deseaba terminar siendo un sacerdote, así que al haber cerrado las posibilidades de ordenarse, su padrino le permitió seguir con la carrera pero sin la presión que ejercía.

Juárez podía comenzar a dedicar su completa atención a su desempeño político, mientras tanto, Gómez Farías había calentado los ánimos de las fuerzas conservadoras y en 1833, la rebelión antigubernamental dio inicio en la ciudad de Oaxaca. Juárez fue nom-

Valentín Gómez Farías, provocaría la furia del clero y de Santa Anna con sus reformas.

brado ayudante del defensor de la ciudad, Isidro Reyes, la victoria dio un poco de tiempo a los liberales. En el mes de enero de 1834, Benito presentó su examen de jurisprudencia ante la Corte de Justicia del Estado, tras lo que recibió su titulo de abogado y unos cuantos días después, fue nombrado Juez interino.

Pero Santa Anna pondría fin a su nombramiento al salir de su hacienda y terminar con las reformas de su Vicepresidente y las actividades de los liberales, por lo que la legislatura oaxaqueña cayó y con ella el recién nombrado juez, quien fue recluido en la ciudad de Tehuacan, en el estado de Puebla. Juárez no comprendía por qué había sido castigado, pues a su entender, él sólo había actuado con honradez y dedicación, pero para los demás, él era un evidente miembro del partido liberal y para su desgracia, Santa Anna estaba de regreso.

Gómez Farías y Mora fueron desterrados, lo que causó una explosión de júbilo de las fuerzas clericales, a su salida se publicaron muestras del desprecio que se sentía por esos personajes, mientras que, en Tehuacan, Juárez había sido liberado y el panorama político había desaparecido de su vida, así que se dedicó a ejercer la abogacía en su natal Oaxaca. Esto significaba una gran frustración en la vida de Benito, pero de ninguna manera se rindió, desde el primer día en que fue liberado, se fijó la meta de regresar a la vida política. La abogacía presentó una nueva oportunidad de reingresar a la vida política, pues los indígenas del pueblo de Loxicha acudieron al jurista para que los representara ante el Tribunal Eclesiástico para que respetaran sus derechos ante su cura, pues éste les exigía tasas y servicios personales mucho mayores a los aranceles preestablecidos.

Juárez tenía claro que la causa estaba ganada, pero la omnipotencia del clero se impondría, pues el fuero eclesiástico los ponía lejos del alcance de la ley, así que al final del falso proceso legal, el cura del pueblo fue ratificado en su puesto y los feligreses rijosos fueron encarcelados además de su abogado, todos ellos estuvieron encarcelados por nueve días. Este injusto proceso y resultado, hicieron sentir a Juárez una urgencia de terminar con las injusticias proferidas por las llamadas "clases privilegiadas" y ese sería el motivo de su labor.

Durante varios años se dedicó a ejercer la abogacía y enseñar derecho civil y canónico en el instituto, y fue por esos mismos días en que se tiene noticias de que procreó a dos hijos ilegítimos, Tereso y Susana, quien era discapacitada y a quien cuidaban sus amigos y que era motivo de una gran preocupación del padre, sin embargo, del niño no se tienen más datos. En el año de 1841, Juárez recibió el primer nombramiento por parte del régimen político, fue nombrado Juez de Primera Instancia, pero a ese le siguieron varios más. En el año de 1843, a la edad de 37 años, contrajo nupcias con Margarita Maza, quien era la hija del patrón de una de sus hermanas y a quien había conocido

cuando salió de casa de Bernardino Juárez, y quien tenía la edad de 17 años; ella solía decir que su marido era muy feo, pero demasiado bueno.

Margarita Maza, hija del patrón de una de las hermanas de Juárez, ahora se convertía en la esposa de éste.

46

En 1844 fue nombrado secretario del gabinete del Gobernador Don Antonio León y en el año de 1845 resultó electo para la Asamblea Departamental, en esos días la vida de Juárez parecía perfecta, él se había logrado adaptar a las condiciones políticas que lo habían llevado a colocarse en puestos del servicio público, su vida matrimonial era perfecta, así que su persona reflejaba una serenidad que nunca había logrado, lo que hace hablar a varios de sus detractores y biógrafos de su perdido liberalismo.

Juárez comenzaba su carrera política, pero el camino hacia el poder estaría lleno de escollos.

Capítulo IV
Tiempos de cambio

Logros personales

El ambiente político del país era completamente inestable, las continuas sucesiones en el poder no lograban fraguar la tranquilidad social que se necesitaba, por lo que la economía del mismo estaba en una situación realmente precaria. La minería se encontraba ahora en las manos de otros extranjeros, los españoles se habían ido, pero los ingleses, alemanes y franceses habían tomado la estafeta, por lo que todo el comercio se encontraba monopolizado por los extranjeros y sus enormes navíos. En el viejo continente se estaba viviendo una época de avances tecnológicos, mientras que en México, las bestias de carga y las antiguas maneras de realizar las cosas seguían tan vigentes como la política.

No debemos olvidar que había personas preocupadas por el progreso del país, y ellos compraban maquinaria a países más adelantados, pero sus esfuerzos eran insuficientes para las necesidades del país, así que el progreso se encontraba en un proceso experimental. La Casa de Moneda acuñaba los "pesos" de oro, sin embargo, en algunas regiones del país se seguían manejando las monedas españolas incluso en el año de 1842; cualquier secretario de Hacienda (de los cuales hubo veinte en menos de cinco años de 1835 a 1840) había intentado sacar un diagnóstico de la economía nacional, pero el resultado siempre era el mismo, la

Secretaría de Hacienda registraba menos ingresos que egresos, por lo que una banca rota resultaría inevitable, y el mayor de estos egresos era el pago de la deuda exterior.

Gran Bretaña era uno de los principales acreedores, pues la independencia fue la primera causa de endeudamiento y la defensa del país continuaba inflando la deuda, por lo que el pago de ésta se había garantizado con los ingresos del golfo, sin embargo, en algunos estados había familias que pudieron mantener su estilo de vida e ingresos con las mismas actividades. Los políticos estaban sumamente preocupados por los ingresos, por lo que planteaban aumentar las contribuciones, los impuestos e incluso, reclamar los bienes de la iglesia y con este panorama, la política y vida social de los habitantes del país estaba en completa confusión.

En este clima político se dividían los rangos de poder, por ejemplo, un general de división ganaba la cantidad de 6,000 pesos, mientras que un Gobernador ganaba 2,000 pesos, lo que nos demuestra la propensión de las revueltas en el país y por qué era tan necesaria la presencia del ejército. Los partidos políticos eran de creación reciente y por lo tanto, inexpertos; los liberalistas habían puesto sus ojos en la iglesia y deseaban quitarle el poder a la iglesia y mantenerla alejada de los asuntos políticos, además de lograr una independencia política de los estados en relación con el poder de la capital y que en resumen eran federalistas, mientras que los conservadores defendían los fueros de la iglesia y un gobierno totalmente centralista.

El pueblo era una masa sumida en la más precaria de las ignorancias, y así la percibían los políticos, entre ellos se encontraba Juárez, quien había hecho su cruzada personal el ayudar a terminar con las clases privilegiadas, mientras que el resto de los políticos había pensado que al término de la independencia, una vez que el mal gobierno fuera extirpado, los problemas desaparecerían como por arte de magia, pero no fue así debido a la escasa planeación y preparación de los hombres a cargo del manejo del país. Esto demostraba que los cambios soñados no se iban a presentar sin esfuerzo alguno, pero para empeorar la situación política del país, aparecieron los radicales.

Esta era la realidad de México, quien enfrentaba al futuro sin recursos económicos y con una volatilidad política que sólo parecían resistir los héroes de batallas pasada, y en este rubro, el país enfrentaría una nueva amenaza, pues el día 3 de noviembre de 1835, Texas había declarado su independencia; en el mes de abril de 1838 había resistido la invasión francesa y ahora, en 1847, México se enfrentaba a la invasión norteamericana. Como preámbulo de este suceso debemos mencionar que durante el dominio español, aquella región había sido ocupada por pioneros angloamericanos y el gobierno no les imponía obligación alguna, los habían exentado de impuestos, los terratenientes texanos se habían llegado a sentir demasiado ajenos al resto del país como para exigir ser considerados fuera de éste y lanzaron una promulga en la que se prohibía la entrada de nuevos norteamericanos y solicitaban a los demás Gobernadores que actuaran, este golpe se había venido fraguando por más de quince años, pero Santa Anna, quien era el héroe de Tampico, no iba a permitirlo así que al mando de un contingente de seis mil hombres, marchó hacia Texas.

La batalla fue dura, pero tras los enfrentamientos de El Álamo y Goliad, Santa Anna resultó vencedor, pero a su regreso, en el poblado de San Jacinto, fue sorprendido y apresado. Durante su cautiverio, fue obligado a firmar los tratados de Velasco, en los que entregaba Texas a cambio de su vida, lo que fue un duro golpe a su imagen pública. Sin embargo, el destino le brindó una nueva oportunidad de brillar, pues dieciocho meses después, los franceses invadieron y bombardearon la ciudad de Veracruz, así que apareció y el éxito en la batalla, además de la pérdida de una pierna, le devolvieron su estatus de héroe nacional.

Dos años después de la batalla, Santa Anna y sus seguidores, se propusieron derrocar al segundo gobierno de Bustamante que había ocupado la presidencia desde el 10 de octubre de 1841 y tres años más tarde seria derrocado por Mariano Paredes, tras el golpe de estado el poder fue ocupado por José Joaquín de Herrera, quien fue derrocado por Paredes en 1846, como podemos observar, las ascensiones al poder y sus descensos se habían vuelto algo parecido a una reunión familiar, siempre los mismos personajes estaban inmiscuidos en las revueltas, por lo que el avance del país no podía consolidarse.

Pero el asunto de Texas no había terminado, siguiendo su ejemplo, California se estaba llenando de norteamericanos, así que cuando James F. Polk ocupó la Casa Blanca en 1845, reclamó la anexión de Texas y California a su territorio. En mayo de 1846, Gómez Farías llegó al poder debido a un nuevo levantamiento, pero la guerra había comenzado, y el nuevo Presidente no poseía el carácter necesario para soportar la situación que ahora enfrentaba, así que el único disponible y con la fuerza moral necesaria era Santa Anna, así que le fue cedida la presidencia, pero a su vez la cedió de nueva cuenta a su predecesor, pues se marcharía al campo de batalla, de esta manera, uno de ellos se enfrentaba al invasor mientras que el otro se encargaba de recaudar los fondos necesarios para la empresa, lo cual pensaban conseguir dándole un apretón al clero.

Tras nueve meses de batallas, Santa Anna no había conseguido frenar al invasor que avanzaba desde el norte hacia el centro del país, necesitaba urgentemente recursos y esto no era posible, por lo que el 11 de enero de 1847, Gómez Farías consiguió la aprobación del Congreso y anunció el remate de las propiedades del clero por un valor de 15,000,000 de pesos. Esta acción levantó los ánimos de las clases privilegiadas, todos salieron a la defensa de la iglesia, por lo que en lugar de ir a defender el puerto de Veracruz, la elite de la sociedad mexicana se levantó contra el gobierno, lo que hizo que Santa Anna, quien no había logrado ni una victoria, regresara a la capital donde fue recibido como un héroe.

Santa Anna retomó las riendas del poder y exilio, de nueva cuenta, a Gómez Farías, lo que llenó de alegría al clero, pues se había librado de esa amenaza, mientras que el héroe de Tampico canceló el remate, y sólo le pidió a la iglesia que aportara una cantidad casi simbólica para organizar la defensa. Este suceso nos demuestra la condición social del mexicano de clase alta así como el ejército, pues unos pugnaban por su bienestar mientras que los segundos, estaban acostumbrados a los levantamientos y reaccionaban con normalidad a estos, así que, si las esperanzas estaban puestas en estas dos corrientes, la derrota estaba asegurada.

El puerto de Veracruz, Jalapa y Puebla habían caído en manos del enemigo, los cuales siguieron avanzando hacia la capital, tras las batallas de Churubusco, Camino de Rey y Chapultepec, la ciudad de México estaba completamente indefensa y a su merced. El día 15 de septiembre de 1847, los invasores habían tomado la ciudad y la bandera norteamericana, con sus barras y estrellas, ondeaba en lo alto del Palacio Nacional. Santa Anna había abandonado la presidencia y en un intento desesperado, intentó organizar la resistencia, pero su imagen pública estaba desecha, era considerado como el mayor traidor en toda la historia del país, así que nadie lo siguió, por el contrario, todos lo rechazaban.

El día 15 de febrero de 1848, se firmó el tratado Guadalupe-Hidalgo, en el cual se cedían a los Estados Unidos de Norteamérica los siguientes territorios: Nuevo México, Arizona, California, UTA, Nevada y parte de Colorado, el rió Grande marcaba la nueva frontera, ahora la mitad del territorio mexicano había pasado a manos de su invasor, sin embargo, los vecinos del norte no lograron hacerse de los estado de Sonora, Chihuahua y Baja California. El terrible trance había terminado, pero las consecuencias quedarían marcadas por el resto de la historia hasta nuestros días.

Santa Anna comenzó un penoso peregrinar tratando de conseguir asilo en los estados, pero todos se lo negaban, sus días de alabanzas y adulaciones habían quedado muy atrás, ya no quedaba resto alguno de aquel héroe poderoso y gallardo, el cual salía airoso de cualquier dificultad, ahora se veía a un hombre derrotado que cargaba con el enorme peso de su conciencia. De esta manera, México quedo reducido al territorio que hasta hoy conocemos, si nada de esto hubiera pasado, nuestro país tendría el doble de tamaño y posiblemente seriamos una potencia mundial, pero los "hubiera" no valen nada y es inútil considerarlos, la única realidad que nos queda es saber que fuimos vencidos por la falta de unidad entre nosotros por seguir el interés personal y de las instituciones amenazadas por la libertad de la conciencia de los habitantes del país.

Antonio López de Santa Anna jugó un triste papel en la historia de México, hasta la fecha se discute si fue un traidor a la Patria.

54

Capítulo V

Tiempos difíciles

Juarez: gobernador

Mientras se desarrollaban los desafortunados sucesos en el país, en Oaxaca seguía la vida su ritmo normal, por lo que Juárez continuaba ejerciendo su carrera, así que cuando se realizó el movimiento contra Paredes, en el estado se organizó una Junta Legislativa y un Poder Ejecutivo, el cual estaba constituido por tres personas y Juárez era uno de ellos. Este honor no duró mucho tiempo, pues en el mes de septiembre de 1848, cuando José Simón Arteaga, uno de los integrantes de aquel triunvirato, fue nombrado Gobernador, éste quedó disuelto.

De nuevo quedaba fuera de la jugada política, así que Juárez regresó a su cargo de fiscal, pero no tardó mucho tiempo en volver a ser requerido, ahora había sido nombrado regente del Tribunal de Justicia del Estado y a su cargo tenía la Jefatura del Poder judicial. Durante la guerra con los Estados Unidos de Norteamérica, Juárez y ocho personajes más fueron requeridos en la capital para reformar la constitución de 1824, además de conciliar las medidas necesarias para la defensa del país.

Juárez de 39 años de edad, nunca había salido de su estado y mucho menos había conocido la capital, a su llegada se encontró con una ciudad llena de maravillas, hermosos edificio, comercio intenso y calles pululantes de personas en actividad casi frenética, de manera definitiva, aquella metrópoli no se parecía en lo absoluto a nada que hubiera visto antes, desafortunadamente, la situación era demasiado preocupante como para poder conocer más a fondo aquella ciudad y el trabajo que había venido a realizar era apremiante.

El abogado zapoteca estuvo entre los que aconsejaron a Gómez Farías el remate de los bienes de la iglesia para lograr conseguir recursos para la defensa del país, no se tiene idea exacta de cual fue su papel en este proceso, pero se dice que durante todo el tiempo que permaneció en el Congreso, no habló para nada. En agosto de 1848, su trabajo en la capital había terminado y regresó a Oaxaca, a su llegada, volvió a dedicarse a su profesión como lo venía haciendo desde hacía ya algunos años. En la ciudad de México había sido testigo de la pronunciación de la elite en contra del gobierno y la llegada de Santa Anna a la ciudad entre gritos y alegría, pudo contemplar cómo el héroe de Tampico había dado el triunfo a los rebeldes e invasores al no mostrarse firme en sus resoluciones y haberse preocupado más por su imagen pública que por el bienestar del país.

El regreso a Oaxaca le permitió observar las cosas de diferente manera, los liberales habían estado fraguando un plan para derrocar el gobierno impuesto por Santa Anna, así que el día 23 de octubre de 1847, se desató un levantamiento armado que quitó del poder al Gobernador. Juárez fue nombrado Gobernador Provisional primero, y fue ratificado por el Congreso para un periodo de cuatro años el día 12 de agosto de 1848. Por fin había logrado escalar a una posición importante en el gobierno, a su llegada al poder, se encontró con un panorama desolador, la economía era lastimera, las arcas no contaban casi con dinero y los habitantes estaban inquietos, así que el ambiente era incierto.

La capital había caído en manos de los extranjeros, así que se temía que siguiera avanzado hasta Oaxaca, por lo que una de las primeras acciones de Juárez fue organizar la defensa del estado, ésta sería uno de sus primero contactos con el clero, quienes desde los púlpitos, urgían a los hombres a sumarse a las fuerzas para la defensa, pero esto no fue todo, pues las iglesias donaban sus campanas para que fueran fundidas y se pudieran fabricar cañones, pero al fin de cuentas, los oaxaqueños no recibieron la visita de los norteamericanos, pero sí la de un mexicano igual de odiado en todo el país, se trataba ni nada más ni nada menos de Santa Anna. El traidor se encontraba a los límites de la ciudad y solicitaba a Juárez que le diera asilo, pero éste se negó y Santa Anna no fue recibido, por lo que no le perdonó ese rechazo, en sus memorias comentaría que hace muchos años, el ahora Gobernador era todavía un simple indito, y le había servido la mesa, así que de esa manera, Juárez se vengaba de él, sin embargo, Benito no recordaba nada de eso.

Juárez era ahora un hombre respetado, reconocido abogado, Gobernador de su estado y un ejemplar padre de familia, así que todo era diferente, el indito que caminó desde Guelatao hasta casa del patrón de su hermana había desaparecido bajo una dura preparación y un gran esfuerzo. Su apariencia era parca, siempre vestía de negro y solía caminar acompañado de un bastón, no era un hombre que riera de manera fácil, su comportamiento era siempre muy sobrio y mesurado, lo cual nunca lo colocaba dentro de las frivolidades de la alta sociedad oaxaqueña, quienes juzgaban por la apariencia de su Gobernado, que éste debía ser una persona sumamente insignificante.

Pero en su desempeño como servidor público, Juárez brillaba lo que a su persona le faltaba, pues llegaba a las nueve en punto de la mañana e inmediatamente comenzaba a trabajar, su atención en sus asuntos de gobierno era meticulosa, su gobierno nunca despegó los pies de suelo, no prometió cosas que él sabia no podía cumplir, sus acciones no fueron espectaculares, drásticas o dramáticas y nunca se olvidó del desprotegido y así lo hizo saber en su primera aparición ante el Congreso:

"Hijo del pueblo, yo no te olvidare, por el contrario, sostendré sus derechos, cuidare de que se ilustre, se engrandezca y se cree un porvenir, que abandone la carrera de los vicios y de la miseria a la que lo han conducido los hombres que sólo con sus palabras se dicen sus amigos y libertadores, pero con sus hechos se han convertido en sus más crueles tiranos".

Esto sentó un precedente de igualdad social, la cual buscaría durante todo su periodo en el poder, tiempo en el que se condujo con cordura y cautela, poniendo ante todo el interés del pueblo y la conciliación que llevara al pueblo a un verdadero bienestar. Una de sus principales preocupaciones era sin duda la iglesia, pues su poder era tangible y fuerte, sin embargo, ante ellos se conducía con prudencia y colaboración, no prohibió los diezmos y demás contribuciones y respetó sus propiedades conforme a la ley. Cuando se realizaba alguna ceremonia importante del clero, siempre se mostraba junto a los personajes importantes de la iglesia, esto se pudo apreciar más claramente cuando la peste atacó Oaxaca, Juárez encabezaba las procesiones religiosas. Esta actitud le brindó el apoyo del clero, quien se volvió su aliado en lugar e su enemigo, Juárez era un hombre sabio. En una carta al Congreso, podemos apreciar su diplomática actitud durante su gobierno:

INDÍGNASE JUÁREZ PORQUE NO SE CUMPLE CON LA OBLIGACIÓN DE SUSTENTAR A LOS MINISTROS SAGRADOS

Mensaje al Congreso local del 2 de julio de 1849

"Ella ha producido – decía ante la Legislatura del Estado el 2 de julio de 1849 – esa tendencia que generalmente se observa en los pueblos, de substraerse de las obligaciones que las leyes le imponen de contribuir para los gastos públicos Y PARA LA MANTENCIÓN DE LOS MINISTROS DE LA RELI-

GIÓN QUE PROFESAMOS. El gobierno, que no ha debido ver con indiferencia estos actos de desmoralización, ha dictado cuantas medidas caben en sus facultades para corregir este mal, unas veces USANDO DE LA FUERZA FÍSICA y otras expidiendo órdenes y circulares en que ha inculcado a los pueblos el puntual cumplimiento de sus deberes sociales".

Benito nunca se tomó más atribuciones de las que le correspondían y siempre promulgaba con el ejemplo, esto lo demostró cuando falleció Guadalupe, su hija de dos años de edad, quien sufrió de una epidemia de cólera, la ley prohibía que se realizaran entierros en las iglesias, pero exentaba de esta obligación al Gobernador del estado, sin embargo, Juárez no se abrazó a este privilegio y sepultó a su hija en el cementerio San Miguel a las orillas de la ciudad. Se dice que durante el sepelio, nunca mostró señales de dolor o quebrantamiento moral, se mostraba impávido, sobrio y sereno.

No era un padre amoroso en el trato a sus hijos, cuando les escribía alguna carta, más bien parecía una reseña política, pues no decía palabras amorosas, sino que más bien platicaba sus asuntos de política y sociedad. Sin embargo, la familia de este hombre era la parte más importante de su vida, simplemente no lo demostraba, era como si tratara de proteger su vida privada del resto del mundo, su intimidad era un punto que nunca mencionaba, pero lo amaba profundamente. Su atinado comportamiento le hizo llevar un periodo en el poder de lo más tranquilo y fructífero, no contaba con enemigo ni fuerzas antagonistas.

Su trabajo en el poder se podía notar fácilmente, uno de los terrenos en los que más se esforzó fue la educación, las escuelas se multiplicaron y llegaron a distritos rurales donde no había ninguna esperanza de educación, el instituto del cual egresó fue reorganizado y sus fondos aumentaron, además de que les dio posibilidad a las mujeres de instruirse. Sin embargo, la realidad frustraría sus planes, pues la situación económica del estado no le permitiría alcanzar la meta que se fijo en este rubro, y así se lo hizo saber a la legislatura:

> *"El hombre que carece de lo preciso para alimentar a su familia, ve la instrucción de sus hijos como un bien remoto o un obstáculo para conseguir el sustento diario. En vez de destinarlos a la escuela, se sirve de ellos para el cuidado de la casa o para alquilar su débil trabajo personal, con que poder aliviar un tanto el peso de la miseria que lo agobia. Si ese hombre tuviera algunas comodidades, si su trabajo diario le produjera alguna utilidad, él cuidaría que sus hijos se educasen y recibiesen una instrucción sólida en cualquiera de los ramos del saber humano".*

En su proyecto de gobierno tenía la intención de mejorar la economía de Oaxaca, para lo cual sugería las siguiente medidas: mejorar las comunicaciones con el extranjero y los demás estados del país para poder permitir que los productos llamados de primera necesidad entraran sin gravamen alguno para potenciar el comercio. Pero para hacer esto posible hacia falta construir vías de comunicación con destino al océano pacífico, para lo cual la iglesia colaboró activamente al reclutar la mano de obra de los habitantes, mientras que ricos personajes pusieron el capital necesario y, gracias a esto, fueron construidos más de cien Kilómetros hacia la costa y la inauguración del puerto de Huautla. Sin duda, el documento que transcribiremos a continuación, le habría ganado le total simpatía y apoyo del clero, lo cual nos habla de una inteligencia y astucia políticas dignas de elogio, pues como dice el refrán: "Ten a tus amigos cerca, pero a tus enemigos, aun más cerca". Y esta fue la política de Juárez en cuanto al clero se refiere:

Y en este otro documento habla acerca de los derechos del clero, lo que sin duda le habría ganado la simpatía y el apoyo de la iglesia, como se sucedió en repetidas ocasiones:

JUÁREZ HABLA DEL ORIGEN
DE LOS DERECHOS PARROQUIALES

Circular del 24 de enero de 1849

"Hubo un tiempo en que las obligaciones de los fieles formaron el único recurso de que subsistían los ministros del Señor. Entonces voluntariamente se ofrecían al altar, y ninguno tenía obligación forzosa de prestarles, a no ser que fueran de las llamadas eucarísticas.

"Reformada la antigua disciplina de la Iglesia, estas oblaciones espontáneas degeneraron en costumbres a que eran llamados los fieles por su entusiasmo religioso, y esta nueva disciplina progresó tanto en algunas iglesias, después del siglo diez, que entonces fue universalmente recibida y aprobada por el concilio general, celebrado bajo el pontificado de Inocencio III, en el cual se manda que los eclesiásticos confieran todos los sacramentos y celebren los demás oficios cristianos libremente, y que los fieles quedasen obligados a las oblaciones de costumbre. Estos son hoy los derechos parroquiales que existen arreglados por los señores obispos y respecto de los cuales es FORZOSA E INEXCUSABLE LA OBLIGACIÓN DE LOS FIELES".

"El monto total de estos derechos – sigue diciendo Juárez y su secretario Lic. Manuel Ruiz, después furibundo anticlerical – y las ofrendas voluntarias que en algunas parroquias aún tienen costumbre de presentar, corresponden, salvas las deducciones canónicas y civiles que reparten, a los señores curas que las sirvan. Ellos tienen un derecho legítimo a percibirlas POR EL CUIDADO ESPIRITUAL DE QUE ESTÁN ENCARGADOS, por su residencia formal en aquellas, por la eficaz puntualidad en la administración de los sacramentos; PORQUE COMO CULTIVADORES DE LA VIÑA, DEBEN ALIMENTARSE DE SUS FRUTOS; en una palabra, porque como OPERARIOS EN LO ESPIRITUAL, SON DIGNOS DEL SUSTENTO TEMPORAL".

61

Después de leer el documento anterior podemos sustentar esta idea con la contestación del obispo de Oaxaca en otro documento:

EL SR. OBISPO DE OAXACA ELOGIA LA ACTITUD RELIGIOSA DE JUÁREZ

Oficio del 29 de enero de 1849

..."*Un rasgo de la justificación, PIEDAD y patriotismo de V. E. porque en ella se manifiesta que atiende a las quejas de los párrocos, QUE LOS CONSUELA con providencias oportunas, que se interesa por los progresos del ministerio de almas y que hace también una justa apología del sistema federal que hemos adoptado" terminando con la siguiente congratulación: "Sírvase, pues, V. E. recibir por mi parte y por la del venerable cuerpo de curas de esta diócesis, las más expresivas gracias por la providencia que ha tenido a bien dictar".*

Otro de los rubros que le interesaban era la agricultura, así que fomentó la rotación del cultivo (algodón, maíz y tabaco), con lo que las tierras se volverían más prósperas y productivas evitando la infertilidad del suelo y por consecuencia, generando mejores ingresos para los campesinos. La minería también le preocupaba, así que planteo la creación de una casa de moneda en su estado, pero el proyecto fue rechazado en la capital porque tenían un acuerdo con una compañía inglesa la cual es exigía que no debería haber ninguna casa de moneda a menos de 150 leguas de México.

El gobierno de Juárez había hecho todo lo posible por hacer de su estado un mejor lugar para vivir, cuando éste entregó el poder en 1852, dio cuenta de una solvencia que no se conocía desde hacía mucho tiempo, la deuda pública que tanto afectaba a la economía estatal, estaba casi saldada; la tributación federal estaba al día y la administración era confiable y trabajadora, por otro lado, la Guardia Nacional y la fuerza militar del estado estaban funcionando a su completa capacidad y en paz. Así que, prácticamente, había logrado salvar a un estado que tenía el agua hasta el cuello, y no nada más eso, sino que lo dejó casi completamente reestablecido.

Sin embargo, como sucede en todos los periodos de la historia, Juárez tenía a sus detractores, quienes se sentían inconformes con su trabajo y lo atacaban públicamente, como veremos más adelante, este comportamiento se presentó durante toda su vida política y mostraremos algunos ejemplos de esto:

"Para Juárez, las reformas en la religión y su completa unión con el estado no necesitan reforma alguna. Todas las cosas existentes en el momento histórico son buenas para él; todo lo que en ellas se levanta es digno de respeto; y a los oaxaqueños para ser felices sólo les falta cesar en sus divisiones, amarse los unos a los otros, conocer su deber sencillo y fácil, que indica no turbar la paz jamás, y estar dispuesto a sacrificar la vida cuando la patria esté en peligro por la codicia de invasores extranjeros... Juárez alcanzó la edad de los 46 años sin ser más que un buen hombre, afable burócrata con inclinaciones a patriarca... Su inteligencia era mediana y su instrucción era insignificante, y en consecuencia, en vez de adelantarse a su época, debía ser uno de sus más caracterizados moluscos".

Juárez parecía ser el tipo más indefenso e inofensivo de México, pero algunos no lo veían así, y ese era el caso de Santa Anna, quien no había olvidado cuando éste le negó el asilo, ahora estaba de vuelta en la presidencia a causa de un golpe de estado en 1853.

Capítulo VI

Una nueva era

El exilio

L a república se encontraba en un total estado de confusión, las deudas con los extranjeros estaban ejerciendo una gran presión y para colmo, el hambre y el desempleo habían colocados a los mexicanos en una situación desesperada, sin embargo, los políticos no veían esto como una condición negativa, al contrario, pues como dice el refrán "A río revuelto, ganancia de pescadores", pero no había quién les hiciera frente, los jóvenes continuaban dormidos y esto era aprovechado por los políticos.

El país había sido abandonado por los norteamericanos, quienes pagaron el recorte territorial y con ese dinero se pudo desahogar una parte de la deuda con Gran Bretaña, pero a estos no les convenía la liquidación total de la deuda, pues eso les aseguraba el control del mercado mexicano, además de que este pago permitía a México pedir otro préstamo y así volver a endeudarse, buscando la salida de un laberinto económico en el que sólo conseguía adentrarse más, sintiéndose en el clima político del país la completa falta de idea sobre la dirección económica del mismo.

Los levantamientos durante este periodo fueron cosa de casi todos los días, así que Manuel de la Peña y Peña, Herrera y Mariano Arista y Juan B. Cevallos, habían pasado por la presidencia del país, pero ninguna de ellos había logrado poner orden donde la confusión reinaba, esto motivó la llamada de Santa Anna, quien regresó del destierro, pues Lucas Alamán había fraguado un plan que le permitiría poner a salvo a la iglesia católica y sus propiedades, además deseaba terminar con la federación, pues los reaccionarios veían en ella una amenaza continua.

Así que, cuando Santa Anna subió al poder, lo primero que hizo fue eliminar cualquier amenaza liberal que le pudiera estorbar en sus planes, además de que con esto saldaba viejas cuentas pendientes, y ése era el caso de Benito Juárez. Él mismo relata los días que vivió cuando fue notificado de su destierro:

"El día 27 de mayo de 1853, fui a la villa de Etla, la cual se encontraba a cuatro leguas de la ciudad... al medio día, llegó una tropa armada con la intención de aprehenderme, y dos horas depuse, mi pasaporte estaba listo y se me informaba que había sido confinado a la villa de Jalapa en el estado de Veracruz. El día 28, por fin salí escoltado por una fuerza de caballería... el 4 de junio llegué a Tehuacan en donde me fue retirada la escolta... el 25 del mismo mes llegué a Jalapa, mi destino final.

En este lugar permanecí por un espacio de 75 días, pero el gobierno a cargo de Santa Anna no me perdía de vista ni me dejaba vivir en paz, pues pocos días después de mi llegada, recibí una orden de trasladarme a la población de Jonacatepeque en el Estado de México, esto se debió a que según las palabras del gobierno, yo había desobedecido al ir a Jalapa, por lo que se me destinaba al poblado de Jonacatepeque. Esto tan sólo era un pretexto para mortificarme pues mi pasaporte y la orden que recibí, decían que Jalapa era el lugar de mi confinamiento.

Lo informe así, pero no obtuve ninguna contestación. Se hacía conmigo lo que el lobo de la fábula hacía con el corderito cuando éste le decía que le enturbiaba el agua. A punto de ir a Jonacatepeque, cuando recibí una nueva orden que me decía que tenía que presentarme en el castillo de Perote. Aún no

había dejado Jalapa cuando me previnieron de que me presen-
tara en Huamantla, en el estado de Puebla, hacia donde partí
el día 12 de septiembre, pero tuve necesidad de pasar por Pue-
bla para conseguir algunos recursos para poder sobrevivir en
Huamantla, pues allí no era fácil conseguirlos.

Una vez que conseguí lo anterior me dispuse para viajar
el día 19 de septiembre, pero la noche anterior a mi partida,
fui aprehendido por Don José Santa Anna, hijo de Antonio,
quien me llevó al cuartel de San José donde permanecí inco-
municado hasta el día siguiente en que fui conducido escolta-
do e incomunicado al castillo de San Juan de Ulúa, lugar al
que llegué el día 29".

A su llegada a ese lugar, le fue entregado un pasaporte y em-
barcó con destino a Europa, pero al llegar a la ciudad de La
Habana tomó una embarcación con destino a la ciudad de
Nueva Orleáns donde estaban reunidos algunos de los
muchos enemigos del nuevo Presidente de México. Sin sa-
berlo, Santa Anna estaba formando a Juárez, pues hasta ese
momento se le consideraba un hombre tranquilo y moderado, pero ahora su nombre estaba circulando a otro nivel,
más allá de las fronteras, además de que las experiencias
que estaba viviendo le dejarían grandes enseñanzas. Benito estaba resignado a su suerte sin hacer ningún reclamo al
destino, pero después de su estancia en dicha ciudad norteamericana, el poder se convertiría en su meta personal y
regresaría a exigirlo.

En Nueva Orleáns encontraría a un nutrido grupo de
refugiados políticos mexicanos, quienes habían sido vícti-
mas de aquel movimiento de limpieza liberal de Santa Anna,
entre ellos se encontraba el Gobernador de Michoacán,
Melchor Ocampo; José María Mata de la ciudad de Jalapa;
un conocido liberal del estado de San Luis Potosí, Ponciano
Arriaga, y a un exiliado cubano que más tarde sería su yerno, Pedro Santacilia, quien se convertiría en el protector de
su familia e interlocutor por carta. A este selecto grupo se

le unieron más personajes y con el tiempo llegaron a formar un núcleo muy sólido, una pequeña familia.

El líder indiscutible del grupo era Melchor Ocampo, pues había sido criado en la aristocracia criolla, su desempeño como hacendado tenía como sello personal, su preocupación por el bienestar de sus peones y vecinos, lo que le ganó una reputación como hombre de bien en la región. Había viajado por Europa por espacio de dos años, con la finalidad de cultivarse, por lo que a su regreso a Michoacán fue electo para desempeñar varios cargos públicos, entre ellos se desempeñó como diputado, senador y Gobernador del estado. Pero este hombre tan preparado y culto, tenía fama de rebelde debido a sus continuos ataque al clero, además deseaba que se hiciera una reforma a la constitución que regulara las actividades de la iglesia así como sus posesiones.

Estas actividades le ganaron la desconfianza de algunos de los ricos hacendados del estado, así como de las clases privilegiadas, quienes por conveniente simpatía, defendían los intereses del clero, quienes también

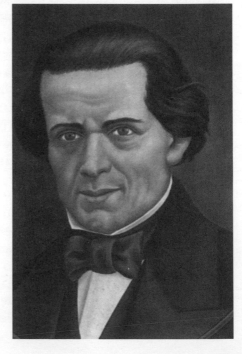

Melchor Ocampo fue en buen parte, el mentor político de Benito Juárez.

68

temía a una nueva insurrección que afectara sus fortunas pero a lo que más temían era a una nueva doctrina política llamada "socialismo", por lo que sufrió la misma suerte que Juárez, tras un breve consejo de Lucas Alamán a Santa Anna. Sin embargo, Ocampo sería una fuente de conocimiento e inspiración para el abogado zapoteca, pues su cultura y conocimiento de mundo le producían una gran admiración por este.

Ocampo aconsejaba a Juárez acerca de la lectura pertinente para su instrucción política y le inculcaba nuevas ideas, las cuales adoptaba éste, pero en esta relación también hubo diferencias, pero en lugar de separar a los nuevos amigos los unían más por el respeto y mutua admiración que sentían. Ocampo se había dado cuenta del potencial de Juárez y le tomaba cada vez más y más respeto, era como si supiera o intuyera el importante papel del oaxaqueño en la historia de México. Este grupo era asiduo a las reuniones en las que casi siempre se hablaba sobre la manera de regresar a México y derrocar a Santa Anna, pero el tiempo pasaba y cada uno de ellos tenía que encontrar la manera de sobrevivir en una ciudad extraña y un país que no era el suyo.

En la lucha por la supervivencia diaria, desempeñaron las labores que eran permitidas a los mexicanos en Estados Unidos de Norteamérica, situación que no ha cambiado mucho desde entonces; Juárez trabajaba en un taller de imprenta y en una fábrica de cigarros; Mata se desempeñaba como mesero y Ocampo trabajaba en la calle como Ollero. La situación del ya reducido grupo, era precaria y a esta se le sumó la fiebre amarilla que sufría Juárez, pero sus amigos no tenían recursos para atenderlo, sin embargo, la fuerte naturaleza del indio le sirvió para resistir las penurias de la enfermedad.

Las noticias favorables de México eran un tema esperado por todos, pero nunca recibían una sola, así que los ánimos comenzaron a decaer y la desesperación comenzaba a invadirlos, pero siempre encontraban consuelos en las palabras de Juárez, quien después del trabajo, regresaba a casa y dedicaba largas horas al estudio, sus amigos lo admiraban por que nunca se mostró desesperado o desanimado, parecía manejarse son autosuficiencia y serenidad. Las noticias de México comenzaron a mostrarse peor de lo que esperaban, pues Santa Anna estaba en un éxtasis por el poder, pero la situación empeoró cuando falleció Alamán, pues ahora el Dictador estaba a sus anchas, no había nadie que se le enfrentara y podía hacer y deshacer cuanto quisiera.

Santa Anna se hizo nombrar "Su Alteza Serenísima", improvisaba títulos nobiliarios sin ton ni son, además de que organizó una improvisada corte a la que rodeo de tal lujo que parecería que el país estaba en una situación muy diferente a la real, lo que fue contribuyendo a que sus enemigos aprovecharan todo esto para desacreditarlo. El dinero estaba escaseando y los generales desertaban por todos lados, el descontento era general y un nuevo aire revolucionario se podía percibir en el ambiente tan densamente que se podría cortar. El epicentro del nuevo movimiento revolucionario se encontraba en Guerrero, donde el general Juan Álvarez se inconformaba con la situación, esto llegó a oídos del coronel Florencio Villareal, quien estaba organizando un plan en Ayutla, el cual proclamó el día primero de marzo de 1854.

Este plan tenía por finalidad, derrocar al Dictador pero dejando intacto al ejército, se establecería un gobierno provisional, se llamaría al pueblo a una asamblea nacional en la que se decidiría la forma y la ley por la que el país debería ser gobernado. Las insurrecciones eran cosa de todos los días y Santa Anna no prestó atención a este nuevo rumor, pero el día 11 de marzo, Ignacio Comonfort, quien se encontraba en el puerto de Acapulco, apoyó el plan de Ayutla, aportando el soporte de las tropas y oficiales destacamentazos en esa localidad. Este movimiento comenzó casi imperceptiblemente, pero fue cobrando fuerza conforme el tiempo transcurría, ahora nada ni nadie podía detenerlo.

Las poblaciones del sur de Guerrero se unieron al movimiento de Álvarez, y poco tiempo después hicieron lo mismo las del sur de Michoacán, fue hasta este momento que Santa Anna reaccionó, pues amenazó de muerte a quien poseyera un ejemplar del plan revolucionario y no lo entregara a la autoridad, su siguiente paso fue montar una expedición de la cual él se encargaría personalmente, cuando entró en Acapulco no lo pudo tomar, pero a su regreso, desquitó su furia contra todas las poblaciones y haciendas que encontraba en su paso, destruyéndolas y asesinando a muchos de sus habitantes.

Santa Anna se daba cuenta de que ya no podía hacer nada por detener el plan de Ayutla, así que utilizó una táctica común en los dictadores, el terror. Ordenó a sus hombres que ocuparan las propiedades de todos sus enemigos y mandó a espiar a todo aquel que le parecía sospechoso y en una medida más radical, los mandaba al destierro. Lanzó un terrible decreto en el que se ordenaba que todo aquel pueblo que se tornara rebelde debía ser incendiado y todo aquel hombre que fuera sorprendido con las armas en la mano, debía ser fusilado. Pero el miedo no funcionó y los estados de Tamaulipas, San Luis Potosí, Guanajuato y México, se anexaron al movimiento.

Para el año de 1855, el movimiento recibió la unión de nuevos caudillo, Santa Anna había intentado en varias ocasiones acabar con los rebeldes, pero sus esfuerzos habían sido inútiles y paulatinamente se fue dando cuenta que no era nada más un movimiento armada, sino que el país entero estaba inmiscuido en ésta, la nueva revolución resultaba mucho más fuerte de lo que él pensaba, ahora le daban la espalda los mismos conservadores que le habían dado el poder, lo odiaban porque el nuevo levantamiento ponía en jaque sus intereses económicos y propiedades. El dictador conmocionado por la fuerza del movimiento y temeroso de que le impidieran escapar, se marchó en agosto de 1855.

Mientras tanto, en la ciudad de Nueva Orleáns, los exiliados esperaban ansiosos las escasas y confusas noticias que recibían de México, cuando se percataron de la conclusión, decidieron ponerse a trabajar y ofrecer sus servicios para lo que fueran necesarios. En el mes de junio, en la segunda mitad, Comonfort solicitó su apoyo y ayuda a Ocampo, y éste, financiando completamente el viaje, envió a Juárez de regreso a México, así habían terminado dieciocho largos meses de ausencia. A su llegada a Acapulco, se presentó ante el general Álvarez, quien desconocía su identidad hasta varios días después en que llegó una carta dirigida al Lic. Benito Juárez, fue de esa manera que el viejo militar se enteró que entre sus hombres estaba el que había sido Gobernador del estado de Oaxaca.

Esta historia nos demuestra la humildad de espíritu de Juárez, no era un hombre que le gustara la notoriedad ni llamar la atención, era un hombre a quien le agradaba permanecer en la sombra mientras su trabajo era admirado y comentado. Tras los seis meses que

El general Juan Álvarez.

pasó en la travesía hacia México, la revolución había triunfado, por lo que a su llegada se necesitaba una mente brillante que ayudara poner orden en un país lleno de confusión, pues ahora que se habían liberado del tugo del dictador, nadie tenía en claro cual era el siguiente paso. Juárez fue formando parte del movimiento y se desempeñó como consejero político.

En la capital se preparaba un cuartelazo con la intención de nombrar Presidente a Don Martín Carrera, por lo que los revolucionarios de Acapulco festejaban, pero Juárez veía más allá de la situación y así se lo hizo saber a Álvarez:

"Yo llamé la atención de don Diego Álvarez manifestándole que si debía celebrarse la fuga de Santa Anna como un hecho que desconcertaba a los opresores, facilitándole así el triunfo a la revolución, de ninguna manera debía aprobarse el plan proclamado en la capital, ni reconocerse al Presidente que habían nombrado, porque el Plan de Ayutla no autorizaba a la junta que se formó en la capital para nombrar Presidente de la Republica y por que siendo los autores del movimiento los mismos generales y personas que horas antes servían a Santa Anna persiguiendo a los sostenedores del Plan de Ayutla, era claro que viéndose perdidos por la fuga de su jefe, se habían resuelto entrar en la revolución para falsearla, salvar sus empleos y conseguir la impunidad por los crímenes aprovechándose así de los sacrificios de los patriotas que se habían lanzado a la lucha para librar a su Patria de la tiranía clérico-militar que encabezaba don Antonio López de Santa Anna".

Esto forzó a Comonfort a firmar un tratado con los rebeldes, en el cual aceptaban que sus propios planes no se opondrían a los del Plan de Ayutla y dieron su reconocimiento como jefe de la revolución al veterano militar Juan Álvarez. El día 10 de octubre de 1855, Juan Álvarez llegó a la ciudad de Cuernavaca, allí se dio a la tarea de formar un consejo en el cual fueran representados todos los estados que componían la República, entre ellos, representando a Oaxaca, se encontraba Juárez, una vez organizado este consejo, se procedió a elegir al Presidente.

En la votación salió triunfador Juan Álvarez, quien comenzó de inmediato a formar su gabinete de trabajo, en el cual Melchor Ocampo ocupaba el puesto de ministro del interior y relaciones exteriores; Guillermo Prieto era ministro de hacienda; Comonfort, ministro de guerra; Benito Juárez, ministro de justicia e instrucción pública. Estos hombres habían formado una parte importante de la revolución, pero ahora, cuando la calma había regresado al país, tenían la importante tarea de encauzar los esfuerzos a cumplir los ideales de la revuelta y darle forma a un nuevo futuro del país.

La Reforma

El gabinete ya estaba organizado y sus labores debían comenzar de inmediato, el país estaba necesitado de estabilidad y tranquilidad que le permitiera progresar en todos los sentidos, así que la primera acción de los hombres escogidos por Álvarez fue convocar a un nuevo Congreso, pero esto provocó la aparición de la divergencia, y con ella el enfrentamiento entre Ocampo y Comonfort; el primero tenía la firme convicción de eliminar todo el sistema clérico-militar para lograr la ansiada libertad, mientras que el segundo pensaba que la mejor manera de evitar las complicaciones y dificultades con las clases privilegiadas era por medio de la transigencia. Ambos discutían fervorosamente en defensa de sus ideales, pero entre ellos, con infinita paciencia y calma, siempre se encontraba Juárez.

Juárez pensaba de manera distinta, pensaba que ambos ideales eran posibles si se actuaba con unidad y firmeza, como lo explica en uno de los párrafos de sus memorias:

"El pensamiento de la revolución era reconstruir al país sobre las bases sólidas de libertad e igualdad y reestablecer la independencia del poder civil, por lo que se juzgó indispensable excluir al clero de la representación nacional, porque una dolorosa experiencia había demostrado que los clérigos, por ignorancia o malicia, se creían en los Congresos representantes sólo de su clase y contrariaban toda medida que tendiese a corregir sus abusos y a favorecer los derechos del común de los mexicanos.

En aquellas circunstancias era preciso privar al clero del voto pasivo, adoptándose este un contraprincipio en bien de la sociedad, a condición de que, una vez que se diese la Constitución y quedase sancionada la reforma, los clérigos quedasen expeditos, al igual que los demás ciudadanos, para disfrutar del voto pasivo en las elecciones populares".

Cuando las sesiones comenzaron, Ocampo logró imponer su punto de vista y el clero fue separado del gobierno, pero en cuanto al ejército, la discusión la ganó Comonfort, quien pedía que los generales y demás oficiales recién nombrados continuaran en sus puestos y se llegara a recuperar su lealtad, lo cual fue aceptado por el Congreso. Dos semanas después de la sesión, Melchor Ocampo renunció a su puesto, alegando que no podía seguir la posición transigente de su compañero cuando lo que el país necesitaba era una acción firme y decisiva. Sin embargo, Juárez permanecía pacientemente en su puesto, esperando que le dieran luz verde para comenzar a poner en práctica sus reformas.

Pero la situación era mucho más complicada de lo que se esperaba, en el mes de noviembre, Juan Álvarez llegó a la capital y los políticos no habían cesado de desprestigiar al nuevo Presidente, un anciano de origen indígena quien además era un radical republicano. Estas críticas iban desde su apariencia hasta sus costumbres más privadas, lo mismo se había aplicado a su ejército, quienes ahora eran llamados "los pintos". Las presiones sobre el gabinete no eran menores, al grado de que Guillermo Prieto renunció, y Comonfort comenzaba a desesperarse, en el caso de Juárez, éste comenzaba a perder su característica paciencia y no pensaba soportar más, entraría en acción.

Para el día 23 de noviembre, se ejercía una Ley de Administración de Justicia y Orgánica de los Tribunales de la Nación del Distrito y Territorios, mejor conocida como la "Ley Juárez", un conjunto de leyes que llegarían a conocerse como "Leyes de Reforma", las cuales conseguían reorganizar todo el sistema judicial al eliminar los tribunales especiales a excepción del militar y el eclesiástico, pero a estos últimos se les retiró la jurisdicción civil. Sin embargo, la ley de Juárez había abierto una esperanza en el camino al progreso, pero esto no lo veían los conservadores, quienes dedicaban todos sus esfuerzos a atacar al abogado oaxaqueño.

La imagen pública de Juárez estaba cambiando, ya no era aquel "poca cosa" que había salido de Oaxaca, ahora se mostraba un hombre templado por el infortunio y las injusticias y con una firme determinación en poner su mejor esfuerzo en hacer de su país un mejor lugar para vivir al acabar con las injustitas cotidianas e impunes. Sin embargo, los ataques continuaban y Comonfort se unió a la causa de Juárez, pues su ley había sido planeada con poca anticipación, lo que había repercutido en algunos cabos sueltos, por lo que el clero salía beneficiado de algunas causas, pero, en resumen, le ley de Juárez era justo lo que el país necesitaba en ese momento.

En el mes de diciembre, Álvarez, cansado por la cantidad de ataques que recibía, decidió renunciar y pasó el cargo a Comonfort, Juárez en solidaridad con el viejo general, también renunció a su cargo, pero el nuevo Presidente lo nombró Gobernador de Oaxaca. De esta manera volvía al poder en su estado, tres años antes había sido removido y atacado por Santa Anna, pero su regreso al estado se había producido entre las continuas protestas del clero, pues alegaban que sólo podían acatar ordenes del poder supremo y no harían caso a una ley que resultaba humillante y que pretendía poner por encima del derecho divino, el derecho civil.

Juárez, que conocía perfectamente la ideología del clero, sabía que al llegar a su estado, un enfrentamiento sería inevitable, pero estaba más temeroso de la realidad, pues un colapso nacional del sistema que se estaba intentando implementar estaba muy latente, los militares, que en otros tiempo estaban ocupados permanentemente acallando levantamiento y otros combatiendo al ejército, ahora se encontraban ociosos, mientras que los clérigos sentían la presión del cambio y no permitirían que se les quitara el poder que tan impunemente utilizaba y abusaban. El recién nombrado Gobernador tenía serias dudas acerca de Comonfort,

Ignacio Comonfort, se desesperaba por la pasividad de Juárez.

77

pensaba que no podría contener la presión de las influencias de los grupos poderosos. Pero aun con este negro panorama, Benito tenía esperanzas en el progreso del nuevo régimen y se preparaba para entrar en acción cuando fuera requerido.

Juárez llegó a Oaxaca el día 10 de enero de 1856, lo acompañaban algunas fuerzas que se había anexado a su entrada al estado, presentó sus credenciales de Gobernador Interino y tomó el poder. Los habitantes todavía recordaban el desempeño de éste en su anterior periodo, pero ahora, la experiencia y la madurez de sus 49 años, se imponían en su mandato, esto hacía que las clases privilegiadas se sintieran temerosas del que anteriormente llamaban "poca cosa", además de que en esta ocasión, tomaría el poder él sólo, pues había derogado la influencia del comandante general, había intentado eliminar esas comandancias por considerarlas inútiles y onerosas para el estado, pero no lo había logrado, estas comandancias sometían al Gobernador en un rehén de su voluntad, pero había logrado que Comonfort lo nombrara comandante general militar del estado, lo que resolvía el problema maravillosamente.

El comienzo de su periodo fue bastante complicado, pues convocó a elecciones para diputados al Congreso Constituyente que se reuniría en la capital, se enfrentó a un levantamiento en Tehuantepec, la cual logró acallar, abrió de nuevo el Instituto que lo había formado y puso su empeño en poder conseguir armamento; pero las armas no se operarían por sí solas, así que reorganizó la Guardia Nacional y se preocupó por que recibieran instrucción militar, para lo cual, organizó un curso de ciencia militar en el Instituto, de esta manera se aseguraba de que el ejército permaneciera fiel al partido liberal. También infundió nuevos ánimos al Colegio de abogados, estableció un Consejo Superior de Salubridad y organizó la Beneficencia Pública.

Comonfort también estaba muy ocupado con la presidencia y el día 15 de mayo de 1856, lanzó el Estatuto Orgánico Provisional de la Republica, con la finalidad de centralizar el poder, y el cual estaría vigente hasta que se realizara una nueva constitución, pero había olvidado el poder federal, y a Juárez no le pareció correcto, sin embargo no entró en conflicto con Comonfort, quien a su vez, evitaba entrar en conflictos agudos, y sabía que contaba con el apoyo del Gobernador de Oaxaca. Esto se pudo demostrar cuando, el 25 de junio de 1856, Miguel Lerdo de Tejada, ministro de hacienda, lanzó la segunda ley de reforma conocida como Ley de Desamortización de Fincas Rústicas y Urbanas Propiedad de las Corporaciones Civiles y Religiosas".

La "Ley Lerdo", estipulaba la venta por parte de las corporaciones civiles y religiosas de los bienes inmuebles, no procedía a incautarlas, sino que les permitía deshacerse de ellas realizando una venta convencional, Juárez comenta al respecto en sus memorias:

"Yo creía en mi deber de hacer cumplir la ley, pero no sólo con las medidas de resorte de la autoridad, sino con el ejemplo, para alentar a los que por un escrúpulo infundado se retraían de utilizar el beneficio que les concedía la ley. Pedí la adjudicación de un capital de 3,800 pesos si mal no recuerdo, que reconocería una casa situada en la calle del Coronel, de la ciudad de Oaxaca. El deseo de hacer efectiva esta reforma y no la mira de especular, me guió para hacer efectiva esta operación. Había capitales de más consideración en que pude practicar, pero no era ese mi objeto".

La atención de Juárez estaba en los debates que se sostenían acerca de la Constitución Política de la Republica, pues las sesiones habían comenzado el 18 de febrero de 1856, y tras haber eliminado a los clérigos y militares, los liberales tenían la mayoría y dominaban, pero estos estaban divididos en moderados y radicales. El problema principal de las discusiones radicaba en que se había puesto más atención en los derechos políticos y no en las medidas sociales, por lo que a futuro, como decían varios pensadores, entre los cuales Melchor Ocampo, se tendría un pueblo hambriento y desnudo a los que se les negaría cualquier oportunidad de ingresar a los negocios o a un empleo público.

Estos argumentos lograron hacer reaccionar a los moderados, pero siempre tenían miedo, y el clima político del país se estaba llenado de la tensión propia que anuncia un levantamiento, pero por lo menos las batallas políticas no habían sido en balde, pues no se eliminaron ninguna de las medidas que constituían el avance del país hacia el progreso, por lo que el día 5 de febrero de 1857, por fin salió a la luz pública la anhelada Constitución. En ésta se presentaba por vez primera un capítulo dedicado a las garantías o derechos individuales del hombre y un sistema jurídico que garantizaba dichos derechos.

El iniciador del movimiento reformista, Valentín Gómez Farías, fue quien presidió en acto de proclamación, se había arrodillado frente al evangelio y había jurado fidelidad y estampado su firma, antes que nadie, en el acta. Los asistentes al recinto, los cien diputados, todos se pusieron de pie y juraron al unísono, para después poner en manos del Presidente el documento, quien juró conservarlo y honrarlo. Juárez, partidario de poner el ejemplo, inmediatamente eligió su legislatura y en las nuevas elecciones fue nombrado por una amplia mayoría Gobernador. La ceremonia de la toma de posesión del Gobernador se realizaba en la catedral, pero el clero le negó el acceso a Juárez. Ahora las cosas comenzaban a tomar el lugar que les correspondía y Benito tenía un gran reto frente a él.

Este acto por parte del clero tenía la intención de demostrar que la ley podía pisotear a quien se le oponía, y esperaban pacientemente el momento para poder atacar al nuevo y liberal Gobernador, de quien esperaban un atropello para poder llevar a cabo su ceremonia, pero Juárez no prestó atención al suceso y rompió la tradición. En esos momentos puso en claro que los asuntos civiles no debían mezclarse con los eclesiásticos, por eso, ningún mandatario debía asistir a las procesiones, o algún otro momento de orden religioso a título de representación. Juárez creía que la respetabilidad del gobierno no venía de uniformes o aparatos de seguridad, pues vivía en su casa, sin guardia de algún tipo y siempre utilizaba su levita oscura, la ley y el recto proceder son lo que le dan al gobernante la respetabilidad ante su pueblo. Los demás gobernantes de Oaxaca habían seguido su ejemplo.

Sin embargo, el clero no iba a dejarse vencer tan fácilmente, así que cuando se decretó que todos los gobernantes tenían que jurar lealtad a la Constitución y otra ley de reforma, la cual transformaba los cementerios y regulaba los cobros del clero por sus servicios y que nació dos meses después de la Carta Magna, las complicaciones aumentaron significativamente, pues la iglesia había prohibido, bajo pena de excomunión, que los fieles juraran la Constitución, el miomísimo Papa Pío IX incluyó este documento como uno de los más grandes errores del siglo.

Comonfort se encontraba en medio de una vorágine política debido a la pugna de los radicales y conservadores, pues los primeros pensaban que era el momento exacto de acabar con el clero, mientras que sus contrarios pensaban que esta vez, el asunto había ido demasiado lejos. Este era el clima político y social cuando se llevaron a cabo nuevas elecciones, en las que los radicales fueron excluidos del nuevo Congreso y que ratificó a Comonfort en la presidencia, quien a su vez eligió a Juárez para encabezar la Suprema Corte de Justicia; este cargo significaba la sucesión presidencial en caso de que el titular faltara, por cierto, ambos eran liberales y ahora los moderados tendrían que comenzar a ceder, las reformas continuarían y por eso era bien conocido Juárez.

Comonfort solicitó al Congreso que le diera más poderes de los que la Constitución le otorgaba, pero este se negó hasta que ocupara su lugar don Benito Juárez, pues su presencia inspiraba confianza al mismo. El Presidente dudaba que la Carta Magna pudiera permitirle gobernar y apostaba por una dictadura. Los vientos de cambio estaba soplando otra vez en la capital, y Manuel Payno, ministro de hacienda, junto con el general Félix Zuloaga, conspiraban para dar todo el poder el Presidente, por lo que el 17 de diciembre de 1857, se realizó un levantamiento en Tacubaya, con lo que la Constitución fue derogada y Comonfort aceptó la dictadura, convirtiéndose dos días después en un mandatario ilegal y había mandado apresar al hombre que suponía una amenaza, Benito Juárez.

Félix Zuloaga, nuevo presidente.

Sin embargo, Comonfort había cometido un gran error, pues no tomó en cuenta las consecuencias de su preceder, pensaba que los radicales que no creían en el Congreso se le unirían, así como los radicales que lo adulaban, pero, al salir de la legalidad, todos sus colaboradores le abandonaron y la cantidad de decretos que había proclamado le negaron cualquier posibilidad de recuperar la confianza de los contrarrevolucionarios; muy tarde se dio cuenta de esto y en un intento desesperado quiso poner en vigor la Constitución, pero el general Zuloaga anunció su destitución el 11 de enero de 1858, antes de salir del poder, el arrepentido dictador puso en libertad a Juárez y salió del país.

El cargo de Presidente según la vía legal, había quedado vacante, por lo que el siguiente a ocuparlo era Juárez, pero al mismo tiempo, Zuloaga había sido nombrado Presidente por una junta en la ciudad de México, por lo que ahora el país tenía dos dirigentes, uno que obedecía la legalidad y otro que se imponía por la fuerza, dando inicio a una nueva guerra civil.

Capítulo VII

Juárez Presidente

La guerra civil

l día 12 de enero de 1858, Juárez salió de su cautiverio tras tres semanas de encierro, abandonó la capital y se trasladó a Guanajuato, donde declaró establecido su gobierno, pero como siempre había actuado desde la sombra, casi nadie lo conocía y carecía de importancia alguna, pues en la capital no se le reconocía y fuera de ella, en la provincia, mucho menos. Juárez apoyaba el cumplimiento de la Constitución, pero los que la elaboraron le daban la espalda, mientras que el clero apoyaba a Zuloaga, quien se mostraría benevolente y consentidor con este grupo, y a los moderados, nadie los había visto.

Lo único que quedaba era un indio abogado que afirmaba ser el Presidente, un ministro de guerra, Ocampo, que sólo tenía a su disposición a las Guardias Nacionales y a los posibles levantamientos del pueblo y los demás integrantes era casi unos desconocidos, así que el panorama era patético, pero Juárez confiaba en que la "Providencia Divina" los seguiría protegiendo como hasta ese momento, pero no sabía que le guerra civil conocido como "Guerra de Reforma" duraría tres años.

Pero veamos cuál era el trasfondo real de este enfrentamiento, para comenzar, era un choque de ideologías del pasado contra las del futuro, es decir, que las clases privilegiadas con su poder e influencia eran enfrentados por la igualdad social, la remoción de cualquier fuero y los derechos humanos. Era necesario un líder que le diera reconocimiento a la causa, además de un organismo militar, por lo que en la ciudad de Guanajuato apareció Manuel Doblado, en Michoacán, Santos Degollado y en Colima, por último, apareció Arteaga, entre estos tres hombres se formó una coalición que apoyaba la Constitución y a Juárez en su envestidura de Presidente.

De esta forma, se había organizado el ejército constitucional, el cual era comandado por el general Anastasio Parrodi, todo estaba listo y Juárez con su comitiva, se marcharon a la ciudad de Guadalajara, desde donde tenían planeado comenzar a reunir dinero y hombres para la causa. Los enfrentamientos comenzaron y pronto se vio la eficacia del ejército moderado, quien contaba con los hombres más adiestrados y los generales más capaces, pero los constitucionalistas tenían a su favor la improvisación y el fervor patriótico.

El primer enfrentamiento se llevó a cabo en Salamanca, donde las fuerzas de Parrodi y Doblado fueron casi exterminadas por el enemigo, lo que casi llevó a la desaparición del Presidente y el gobierno, pues una vez que el ejército liberal quedó destruido, el 13 de marzo, dos días después del fatídico enfrentamiento, la Guardia Nacional se rebeló y tomó como prisionero a Juárez decidiendo ejecutarlo inmediatamente debido a las fuerzas leales a éste que se abalanzaron sobre ellos. En las propias palabras de Guillermo Prieto, esto fue lo que sucedió:

"El señor Juárez se encontraba en la puerta de la habitación; cuando escuchó la voz de "¡apunten!", se agarró del pestillo de la puerta y echó la cabeza para atrás y esperó. Los rostros de los soldados, su ademán, la conmoción misma, lo que yo amaba a Juárez... no sé, se apoderó de mí algo de vértigo, o cosa de que no me puedo dar cuenta.

Rápido como el pensamiento, tomé al señor Juárez de la ropa, le puse a mis espaldas, cubriéndole con mi propio cuerpo, abrí los brazos y ahogando la voz de "¡fuego!" que tronaba en esos momentos, grite: –¡Levanten esas armas! ¡Los valientes no asesinan!– y hablé, hablé yo no sé qué... A medida que mi voz sonaba, la actitud de los soldados iba cambiando".

Esta repentina invasión de valor en el cuerpo de Prieto había logrado calmar la situación, pero Juárez no mencionaría nada acerca de quien le salvo la vida en sus memorias. Casi una semana después, el gobierno se trasladó al estado de Colima, en el camino habían logrado salir a salvo de un nuevo ataque, pero a su llegada, recibieron la noticia de que Guadalajara había caído y que el ejército comandado por Parrodi, había sido sometido y rendido. Debía tomar una decisión, por lo que dio a Degollado el nombramiento de Jefe de Operaciones en el norte y oeste del país, y así siguió su camino hasta Veracruz, ciudad que era su destino final.

Guillermo Prieto, amigo de Juárez fue quien le salvó la vida en el motín de sus tropas.

87

A su llegada al puerto, después de seis semanas de tortuoso viaje, Juárez pensaba que encontraría un panorama turbio y desalentador, pero en cuanto llegó a la ciudad, el pueblo lo aclamaba como Presidente, aun sin haber logrado una victoria, esta noticia pronto comenzó a correr por los demás estados que se unían a la causa. Los estado de Zacatecas, Coahuila y Nuevo León habían organizado sus ejércitos y los ofrecían a los constitucionalistas, mientras que en Colima, Santos Degollado hacía esfuerzos sobrehumanos para recuperar terreno para la causa.

Pero el panorama sí era desalentador, pues Juárez no encontraba la manera de mantener un gobierno civil cuando el poder estaba realmente en los hombres que sostenían las armas, además, el ánimo de los militares estaba maltrecho, pues no habían logrado una sola victoria y era urgente que se produjera, todos los enfrentamientos habían fracasado. Para Zuloaga las cosas no habían marchado tan bien, pues en el mes de enero fue sustituido por Miramón, quien atacó Veracruz. El Presidente constitucional había logrado evitar el desconsuelo y divisionismo de sus tropas gracias a su infinita paciencia y calma, pero era necesario conseguir el reconocimiento extranjero que le brindara apoyo y recursos, pues si esto no se lograba, la desaparición y derrota de su causa era segura.

A un año del inicio, la situación era exactamente la misma y nuevos problemas se habían presentado, pues el cuerpo diplomático había reconocido por unanimidad al gobierno clerical; los ejércitos habían recurrido al saqueo y extorsión para hacerse de algún dinero para poder subsistir como lo hicieron en la ciudad de Guadalajara; Estados Unidos de Norteamérica no aclaraba su postura en cuanto al conflicto se refería; la aparente indecisión de Juárez había logrado desesperar a los mismo miembros de su gabinete y por supuesto al ejército, pero éste seguía en espera de que el momento adecuado se produjera.

En los primeros meses de 1859, el bando de Miramón parecía estar cerca de la victoria, había logrado un gran avance con sus tropas y el apoyo económico de la iglesia, de quien recibía fondos continuamente, además de que había solicitado préstamos a la Casa Rothschild y realizó una emisión de bonos por 15,000,000 de pesos que era garantizada por el banquero suizo Jecker y la cual garantizó con capital francés, todo esto hacía inminente la victoria de los tradicionalistas.

Un cúmulo de sucesos sacudieron a Juárez, pues una flotilla francesa y británica llegaron a Veracruz para cobrar pagos atrasados de la deuda exterior; Degollado fue derrotado en Tacubaya, tras la cual fueron ejecutados los prisioneros, heridos y médicos; los norteamericanos no se decidían, y todas estas cosas causaron que el gobierno de Veracruz se desesperara y urgiera a su Presidente a hacer algo. Una cosa era segura, sólo tenían limitado recursos y no podían esperar más, así que era necesario terminar la obra liberal que Comonfort y Álvarez habían comenzado.

Los constitucionalistas Ocampo, Ruiz y Lerdo, pusieron manos a la obra, una vez terminado, Juárez lo firmó y así, el día 7 de julio de 1859, la reforma seguía de pie y lanzaron una declaración en la que detallaban la situación y los planes a futuro. En este documento se veía las manos de aquellos grandes pensadores que apoyaban la constitución, ofrecían reformas en el sistema judicial, un mejor programa educativo, un inclemente en el comercio, la reducción de la deuda pública, una revisión de las leyes de impuestos y una oportuna redistribución de ingresos a los estados y gobierno federal. Habrían de proponer estímulos para los inmigrantes al cambiar la política de la tenencia de la tierra, además de la importante creación de empleos.

El 12 de junio, la iglesia veía con terror la inminente desaparición de su poder, pues se lanzaron varios decretos en los que se nacionalizaban todos los bienes del clero sin consideración alguna, además de que se separaba al gobierno de la iglesia, se suprimían los monasterios, se declaró la exclaustración de las monjas que así lo desearan, el registro civil para los recién nacidos, matrimonio y defunción, secularización de los cementerios y fiestas públicas. Todo esto daba al poder civil, completa independencia. Estos decretos sólo complementaban las faltas omitidas en la Constitución de 1857, lo cual abría un rayo de luz en el nublado cielo del progreso mexicano.

En cuanto al clero, la medida tenía como finalidad hacerse de recursos, pues con las propiedades de estas podían amparar los préstamos solicitados al país del norte, por lo que las negociaciones debían reestablecerse, para lo cual, Ocampo fue el encargado de ese asunto, era un hombre de carácter y muy culto, y su fuerza poco a poco habría de ganar terreno, pues lo norteamericanos querían, a cambio de los préstamos, la cesión de Baja California y el derecho a libre tránsito por Tehuantepec, pero la postura de Juárez y su enviado era firme, nada de cesiones, así que cuando Robert McLane llegó a México, le dio su reconocimiento al gobierno constitucionalista, con tratados en los que se otorgaba el libre tránsito por Tehuantepec a perpetuidad, el libre paso de Texas al golfo de California y el permiso de proteger estos tránsitos con tropas norteamericanas, pues, recordemos que los caminos se habían llenado de asaltantes y bandoleros debido a la crítica situación económica.

Pero este tratado levantó una gran polémica en el Congreso, aunque Juárez fue quien aprobó los tratados:

TRATADOS DE TRÁNSITO Y COMERCIO ENTRE LOS ESTADOS UNIDOS Y MÉXICO, SUSCRITOS POR ROBERT MCLANE, MINISTRO DE LOS ESTADOS UNIDOS EN MÉXICO, Y MELCHOR OCAMPO, MINISTRO DE RELACIONES EXTERIORES EN MÉXICO Y VERACRUZ

14 de dic. de 1859

"*ARTÍCULO PRIMERO. Por vía de ampliación del artículo 8 de 30 de Diciembre de 1853, cede la República mexicana a los Estados Unidos y sus conciudadanos y bienes, en perpetuidad, el derecho de tránsito por el monte exista ó que existiese en lo sucesivo, sirviéndose de él ambas Repúblicas y sus ciudadanos.*

ART. 2º -Convienen ambas Repúblicas en proteger todas las rutas existentes hoy ó que existieren en lo sucesivo a través de dicho istmo, y en garantizar la ne: ralidad del mismo.

ART. 3º -Al usarse por primera vez bona fide, cualquiera ruta a través de dicho istmo, para transitar por ella, establecerá la República Mexicana dos puertos de depósito, uno al Este y otro al Oeste del istmo. El gobierno de México no impondrá derechos a los efectos ó mercancías que pasen bona fide por dicho istmo, y que no estén destinados al consumo de la República Mexicana. No se impondrán a los extranjeros y sus propiedades que pasen por ese camino contribuciones ni derechos mayores que los que se impongan a las personas y los bienes de los mexicanos. La República de México continuará permitiendo el Tránsito libre y desembarazado de las malas de los Estados Unidos, con tal que pasen en valijas cerradas y que no hayan de distribuirse en el camino. En ningún caso podrán ser aplicables a dichas malas ninguna de las cargas impuestas o que en lo sucesivo se impusieren.

ART. 4º- Conviene la República Mexicana en establecer por cada uno de los puertos de depósito, uno al Este y otro al Oeste del istmo, reglamentos que permitan que los efectos y mercancías pertenecientes a los ciudadanos y súbditos de los Estados Unidos o de cualquier país extranjero, se depositen en almacenes que al efecto se construirán, libres de derecho de tonelaje y de toda otra clase, excepto los gastos necesarios de corretaje y almacenaje, cuyos efectos y mercancías podrán ser retirados subsecuentemente para transitar a través de dicho istmo y para ser embarcados en cualquieru de dichos puertos de depósito para cualquiera puerto extranjero, libres de todo derecho de tonelaje y otras clases; y se les podrá sacar también de dichos almacenes pera la venta y el consumo dentro del territorio de la República Mexicana, mediante el pago de los derechos hoy puestos 6 que dicho gobierno mexicano tuviese bien cobrar.

ART. 5º- Conviene la República Mexicana en que si en algún tiempo se hiciese necesario emplear fuerzas militares para la seguridad y protección de las personas y los bienes que pasen por alguna de las precitadas rutas, empleará la fuerza necesaria al efecto; de hacerlo, el gobierno de los Estados Unidos, con el consentimiento, o a petición del gobierno de México, ó de su ministro en Washington, ó de las componentes y legales autoridades locales, civiles ó militares, podrá emplear tal fuerza con este y no con otro objeto; y cuando, en la opinión del gobierno de México, cese la necesidad, inmediatamente se retirará dicha fuerza.

Sin embargo, en el caso excepcional de peligro imprevisto ó inminente para la vida ó las propiedades de los ciudadanos de los Estados Unidos, quedan autorizadas las fuerzas de dicha República para obrar en protección de aquellos, sin haber obtenido previo consentimiento, y se retirarán dichas fuerzas cuando cese la necesidad de emplearlas.

ART. 6º- La República de México concede a los Estados Unidos el simple tránsito de sus tropas, abastos militares y pertrechos de guerra por el istmo de Tehuantepec, y por el tránsito ó ruta de comunicación a que se alude en este convenio desde la ciudad de Guaymas, en el golfo de California, hasta el rancho de Nogales, ó algún otro punto conveniente *de la línea fronteriza entre la República de México y los Estados Unidos cerca del III grado Oeste de longitud de Greenwich, dándose inmediato aviso de ello a las autoridades locales de la República de México. Y así mismo convienen las dos Repúblicas en que se estipulará expresamente con las compañías o empresas a quienes se concede en lo sucesivo el acarreo o transporte, por cualquier ferrocarril u otras vías de comunicación en los precitados tránsitos, que el preciso transporte de las tropas, efectos militares y pertrechos de guerra de las dos Repúblicas, sería a lo sumo la mitad del precia ordinario que peguen los pasajeros o las mercancías que pasen por dichos caminos de tránsito; quedando entendido que si los concesionarios de privilegios concedidos ya, o que en lo sucesivo se consideren sobre ferrocarriles u otras vías de comunicación por dichos tránsitos, rehusaren recibir por la mitad del precio de transporte las tropas, armas, abastos militares y municiones de los Estados Unidos, el gobierno de éstos no les dispensará la protección de que hablan los artículos 2 y 5, ni ninguna otra protección.*

ART. 7°- La República Mexicana cede por el presente a los Estados Unidos, 8 perpetuidad, y a sus ciudadanos y propiedades, el derecho de vía o tránsito al través del territorio de la República de México, desde las ciudades de Camargo y Matamoros, o cualquier punto conveniente del Río Grande, en el Estado de Tamaulipas, por la vía de Monterrey, hasta el puerto de Mazatlán, a la entrada del golfo de California, en el Estado de Sinaloa; y desde el rancho de Nogales o cualquier punto conveniente de la línea fronteriza entre la República de México y los Estados Unidos cerca del lll grado de longitud Oeste de Greenwich, por la vía de Magdalena y Hermosillo, hasta la ciudad de Guaymas el Estado de Sonora, por cualquier ferrocarril o ruta de comunicación, natural o artificial, que exista actualmente o existiere o fuere construido en lo sucesivo, del cual usarán y se servirán en la misma manera y con iguales condiciones ambas Repúblicas y sus respectivos ciudadanos, reservándose siempre para sí la República Mexicana el dere-

cho de soberanía que al presente tiene sobre todos los tránsitos mencionados en este tratado. *Todas las estipulaciones y reglamentos de todas clases aplicables al derecho de vía o tránsito a través del istmo de Tehuantepec y que han convenido ambas Repúblicas, se hacen por el presente extensivos y aplicables a los precitados tránsitos o derechos de vía, exceptuando el derecho de pasar tropas, provisiones o pertrechos de guerra desde el Río Grande hasta el golfo de California.*

ART. 8°.- Convienen así mismo las dos Repúblicas en que, de la adjunta lista de mercancías, elija el Congreso de los Estados Unidos las que, siendo producciones naturales, industriales o fabricadas de una de las dos Repúblicas, puedan admitirse para la venta y el consumo en uno de los dos países, bajo condiciones de perfecta reciprocidad, bien se les reciba libres de derechos, bien con el derecho que fije el Congreso de los Estados Unidos; Proponiéndose la República Mexicana admitir los artículos de que se trata al más módico tipo de derecho y hasta completamente exentos del mismo, si el Congreso de los Estados Unidos conviene en ello. Su introducción de una a otra de las Repúblicas tendrá efecto por los puntos que los gobiernos de ambas designan, en los limites ó fronteras de las mismas, cedidos y concedidos para los tránsitos y a perpetuidad, por éste convenio, a través del istmo de Tehuantepec o desde el golfo de California hasta la frontera interior entre México y los Estados Unidos. Si México concediere privilegios semejantes a cualquiera otra nación en los extremos de los precitados tránsitos sobre los golfos de México y California y sobre el mar Pacífico, lo hará teniendo en cuenta las mismas condiciones y estipulaciones de reciprocidad que se imponen a los Estados Unidos por los términos de este convenio. "

A cambio de todo esto, el gobierno de Juárez recibió la cantidad de cuatro millones de dólares, lo que desató una serie de duros ataques por parte de los que en su momento habían recibido el capital del banquero suizo Jecker y ahora acusaban a Juárez y Ocampo de traición, en el viejo continente también se alzaron voces de protesta por el avance norteamericano, y en Estados Unidos de Norteamérica protestaron todos aquellos que temían la extensión del poder de los estados esclavistas. Todas estas protestas originaron que Ocampo fuera excluido de una futura carrera política, mientras que Juárez tuvo que soportar las constantes críticas.

Pero en el año de 1860, la situación no había mejorado gran cosa, Miramón había vuelto a atacar Veracruz y varios miembros del gabinete estaban tentados a negociar con los enemigos, otros querían destruir al Presidente, pero éste, seguía confiado en que la victoria llegara y con ella el reestablecimiento de la Constitución. Cada vez que le era sugerida la rendición, Juárez siempre respondía "no", y por fin la suerte comenzó a sonreírle, los ejércitos liberales habían comenzado a lograr importantes victorias, con la sustitución de Ortega por Degollado al mando de los ejércitos, los constitucionalistas habían logrado ocupar las ciudades de San Luis Potosí, Zacatecas y Aguascalientes.

Los generales Zaragoza, Antillón, González Ortega, Berriozabal y Doblado habían unido sus fuerzas y lograron derrotar a las fuerzas de Miramón en Silao; ahora tenían en su poder a Guanajuato y todo el Bajío, para el mes de septiembre, la ciudad de Guadalajara fue sitiada y dos meses después fue tomada por González Ortega. El 22 de diciembre, en las lomas de San Miguel Calpulalpan, fueron derrotadas las tropas conservadoras y el 10 de enero de 1861, el laureado general hacía su entrada triunfal en la capital seguido por su ejército mientras que la multitud lo aclamaba.

Juárez había recibido la noticia de la terminación de la guerra cuando asistía a una representación de una ópera, una vez que leyó el contenido del mensaje en voz alta, todos los asistentes se pusieron de pie y aplaudieron al Presidente, días después, el 11 de marzo de 1861, el Presidente entraba por las calles de la capital en su carruaje mientras quien era aplaudido por sus colaboradores, los mismos que habían sugerido alguna vez que se rindiera, la multitud se mostraba complacida y eufórica, por fin, el poder civil se encontraba, como debía ser, por encima del poder militar. Sin embargo, existen pruebas de que su actuación al recibir apoyo del extranjero era algo que lo atormentaba y así se lo hizo saber al Congreso:

JUÁREZ ACEPTA NO HABERSE CEÑIDO ESTRICTAMENTE A LA CONSTITUCIÓN

Primer Mensaje al Congreso, mayo de 1861

"Acepto ante esta Asamblea, ante mis conciudadanos todos y ante la posteridad, la responsabilidad de todas las medidas dictadas por mi Administración, y que no estaban en la estricta órbita constitucional, cuando la Constitución derrocada y finalmente combatida había dejado de existir, y era, no el medio de combate, sino el fin que en él se proponía alcanzar la República."

La anhelada paz

Aunque la guerra había terminado, la situación del país seguía sumida en una gran confusión, la cual muchos aprovecharon para cobrar venganza, mientras que otros opinaban que el pasado había quedado atrás y era preciso terminar con él, pero otros se dedicaron a comenzar la rapiña, mientras que los vencidos intentarían reorganizarse y volver a la lucha, pero para Juárez ahora comenzaba una nueva era, la cual enfrentaría con la dura tarea de mantener la paz, pero el bagaje de experiencia que cargaba a sus 55 años le permitiría ser el más indicado para resistir la adversidad y la intriga que se cernía sobre México.

Antes de que el Presidente entrara en la ciudad, el general González Ortega ya había hecho publicar las Leyes de Reforma y algunos decretos con la finalidad de evitar el pillaje, pero Ocampo también había tomado medidas para frenar la confusión e intrigas, por lo que fueron despedidos todos los empleados que pertenecían a la reacción y se decidió procesar a los dirigentes, expulsar a los cómplices en el cuerpo diplomático y desterrar a los clérigos que habían incitado a la guerra y pretendía compensar esto con un decreto de amnistía general.

Su extensión del perdón llegaba a Isidoro Díaz, quien había sido uno de los cabecillas que todavía permanecían en la republica, pero esta decisión levantó las más encontradas reacciones, pero el común denominador pensaba que al mostrarse suave con los traidores los levantamientos no cesarían, pues los hombres se sentirían más seguros de salirse con la suya sin castigo alguno incluso Francisco Zarco lo atacó desde las páginas de su periódico "Siglo Diez y Nueve". Cuando se expulsó del país al nuncio papal y a los ministros de España, Guatemala y Ecuador no se dio tanta importancia al hecho, pero cuando le llegó el turno al arzobispo de México y a los obispos, otra vez la vorágine se desató y acusó a Juárez de abuso de autoridad, lo que nos demuestra la poca unificación de criterios en la sociedad.

Pero Juárez se mostró impasible ante la gran presión que se ejercía sobre él, y los clérigos fueron expulsados, pero en cuanto al perdón, cambió de opinión y retiró la oferta de la amnistía y se provocó un cambio en el gabinete, ahora Francisco Zarco ocupaba el ministerio de exteriores, el cual antes era ocupado por Ocampo; el ministerio de justicia quedó en manos de Ignacio Ramírez y el de guerra fue otorgado a González Ortega. La constitución del gabinete era demasiado radical, pero aun así, el descontento del pueblo seguía en aumento. Es muy posible que Ocampo no estuviera de acuerdo con Juárez en muchas cosas e incluso en la Constitución, que al principio parecía inconclusa:

DEMASIADA PRECIPITACIÓN
EN LOS DECRETOS REFORMISTAS DE VERACRUZ

Opina Ocampo, 1861.

"... los sucesos se habían venido encima y hacían ya imposible la demora consiguiente a una más reposada y atenta discusión de los pormenores de esta ley de hacienda (de 13 de Julio). El Exmo. Sr. Degollado se había ido a Tampico seguro, por nuestro dicho, que pronto vería esas leyes. El Exmo. Sr. Lerdo se iba para los Estados Unidos, a procurar precedido de su buen nombre sacar la mayor ventaja posible"... "V. E. (Juárez) recordará que tal ley de 13 de Julio no tuvo más que dos lecturas en el gabinete, la una como si hubiera sido para lo que en el sistema parlamentario se llama discusión en lo general y la otra que aunque se hizo deteniéndose en cada artículo, sólo fue por unos cuantos minutos."

Era necesario realizar elecciones para Presidente y de Congreso, Lerdo y González, sus colaboradores, contendían por la presidencia y el ambiente político estaba demasiado tenso. Mientras tanto, las protestas hacia Juárez seguían creciendo, la guerrilla se había levantado y tomados los caminos que habían dejado de ser seguros y además, bandas de soldados retirados del servicio solían asaltar ciudades y poblados; todo esto levantaba acusaciones de ineptitud hacia el Presidente, además de que la situación económica era precaria, pues los cobros de las aduanas eran utilizados para pagar la deuda externa. Otro duro golpe a la economía lo había sido la venta de las propiedades del clero, pues en realidad, era más lo que se pensaba que la realidad, además que durante la lucha ambos bandos habían confiscado bienes a la iglesia.

La desconfianza del país hacia Juárez estaba fundada en la miseria e inseguridad que vivían los mexicanos, mientras que Juárez permanecía inmutable, no hacia ningún movimiento ni siquiera para asegurar su triunfo en las elecciones, pero el 4 de junio, un hecho estremeció al Presidente, Márquez, quien era el líder de la guerrilla, había capturado a Ocampo en su rancho de Michoacán y lo había asesinado, por lo que Degollado, quien se esforzaba por no quebrantar la paz, se presentó ante el Congresos y solicitó autorización para destruir a Márquez y su ejército de bandidos, permiso que le fue concedido.

El día 11 de Junio, Juárez fue elegido Presidente por un escaso margen de seis votos y González Ortega fue nombrado Presidente interino de la Suprema Corte de Justicia, pero en otra parte del país, Degollado buscaba al asesino de Ocampo, pero fue sorprendido en una emboscada y murió. El terror se comenzaba a sentir en el aire, así que otro valiente, Leandro Valle, salió encabezando un contingente de 800 hombres, habría de vengar las muertes de Ocampo y Degollado, pero al hacerlo encontró la suya tras haber dejado la capital apenas veinticuatro horas antes.

Ahora el gobierno estaba aterrorizado y los ataques a Juárez continuaban aumentando de tono, los radicales propinaban duros golpes al gobierno, quien seguía sufriendo por la falta de personas preparadas y capaces que pudieran actuar en el gabinete además de la falta de recursos, un problema que había aquejado al país desde hacía demasiado tiempo. En Estados Unidos de Norteamérica, el ministro de ese país, Thomas Corwin, estaba seguro de la caída de Juárez y su gabinete. Una buena noticia pareció iluminar al cielo de México, pues González Ortega, quien había salido en busca de la guerrilla, encontró a Márquez y Zuloaga en la población de Jalatlaco y logró asestar un exitoso golpe a sus fuerzas.

En el siguiente documento veremos cómo eran los ataques que sufría Juárez y su gobierno, pues los radicales lanzaban furiosas declaraciones para intentar hacer daño en el ya socavado ánimo de la población y los miembros del gabinete:

JUÁREZ CARECE DE ENERGÍA
PARA GOBERNAR

Acusación de Ignacio Altamirano

7 de septiembre de 1861.

"Veamos qué ha hecho el gobierno en cada uno de sus ministerios".

"En el de relaciones exteriores: verdad es que la reacción ha metido mucho la mano para promovernos dificultades en el extranjero; verdad es que había intereses creados en tiempo de Miramón, merced a la mala fe diplomática de Mr. Gabriac; pero también lo es que el gobierno pudo con habilidad dar solución a estas dificultades, manteniendo intacta la dignidad nacional; pero no: el gobierno dió armas a los ministros extranjeros y he ahí a lo que nos han orillado los desaciertos del señor Zarco, a los que sucedieron los del señor Zamacona. Yo no puedo violar el secreto de nuestras sesiones privadas; pero el soberano Congreso sabe ya lo que pasó, y recordará lo que dijo el señor Suárez Navarro. En el ministerio de gobernación: ¿Qué es lo que se ha logrado? ¿Se hace respetar el gobierno en el interior de la República? ¿Vidaurri ha obedecido la orden que se le envió? No. Pues entonces, ¿Por qué el gobierno calla y recibe esta afrenta inclinando la cabeza? ¿Quién es el que trae a Comonfort a la República? ¿La facción oposicionista de la asamblea, o el gobierno con su inexcusable debilidad?

... No habiendo, pues, salvado la situación, el gobierno desmerece nuestra confianza, y le desarmamos. Este es un voto de censura, y no sólo al gabinete, sino también al Presidente de la República, porque en medio de tanto desconcierto, ha permanecido firme, pero con esa firmeza sorda, muda, inmóvil que tenía el dios Término de los antiguos.

La nación no quiere esto, no quiere un guarda-cantón, sino una locomotiva. El señor Juárez, cuyas virtudes priva-

das soy el primero en acatar, siente y ama las ideas democrá-
ticas; Pero creo que no las comprende, y lo creo porque no
manifiesta esa acción vigorosa, contínua, enérgica, que de-
mandan unas circunstancias tales como las que atravesamos.
Y estamos convencidos de que ni con su nuevo gabinete re-
animará su administración, porque el estado a que ha llegado
el desprestigio del personal de la administración, toda
trasfusión política es peligrosa. Se necesita otro Hombre en el
poder. El Presidente haría el más grande de los servicios a su
patria, retirándose; puesto que es un obstáculo para la mar-
cha de la democracia."

Pero un mal aún estaba por venir, Juárez había decretado
la suspensión del pago de la deuda externa, lo que provocó
un gran alboroto en el viejo continente. España estaba an-
siosa por reestablecer relaciones con su antigua colonia,
mientras que Francia, quien era gobernada por Napoleón
III, sobrino de *El Grande*, y quien estaba obsesionado con
poder igualar la trayectoria de su tío, recibía la presión de
mexicanos que vivían en ese país y que ansiaban ver en el
país una monarquía y por supuesto, este plan no desagra-
daba en lo absoluto al ambicioso emperador; mientras que
Gran Bretaña deseaba cobrar las enormes sumas que el gobierno de México le debía, por lo que todo esto provocó que
el 31 de octubre de 1861, se unieran las tres potencias y fir-
maran la Convención de Londres, en la que establecían la
ocupación de los puertos mexicanos para forzar el pago de
las deudas, pero en realidad, esto sólo era un pretexto, ya
que todos estos países deseaban invadir México desde hacía mucho tiempo atrás. Pero a estas amenazas exteriores
se le sumaba una del interior, se exigía que González Ortega tomara el puesto de Juárez.

El 7 de enero de 1862, los invasores llegaron al puerto
de Veracruz, mientras que Juárez espero a ver cómo se desarrollaban los hechos, ahora él tenía el poder y la autoridad para organizar la defensa del país en caso de que fuera

necesario, pero su paciencia dio frutos, pues él mismo pudo contemplar el divisionismo entre los invasores y se dio cuenta de que podría negociar con dos de ellos, Gran Bretaña y España, mientras que Francia no se mostraba abierto al diálogo, y cómo iba a estarlo si su verdadera intención era establecer una monarquía en este país, pero para hacerlo tenía que nombrar a un emperador que no hiciera menos a Napoleón, así que tras haber requerido el pago de los bonos de Jecker, iniciaron la invasión en México, no sin antes apelar a todo aquél que deseara que se estableciera su plan en el país.

La guerra cabalgaba de nuevo por México, país que no podía ver llegar la paz, país que se encontraba sumido en la miseria y con pocas esperanzas de poder librarse de esta nueva amenaza, además de que las divisiones en el interior de su gobierno no lo hacia más fácil, pero aun así, tenía algo a su favor, contaban con un gran pensador, Juárez.

Capítulo VIII

La invación francesa

El imperio

uárez pensó que era el momento justo de recordarle al resto del mundo que México era una nación libre y soberana, la cual contaba con un gobierno propio y que no se permitiría el avance de los extranjeros al interior del país, pareciera que nadie estaba enterado de que México había dejado de ser una colonia para convertirse en una República, por lo que ya había dejado de ser el botín de todo aquél que llegara a sus costas. Ahora era necesario que los mexicanos se unieran, que se olvidaran los divisionismos e intereses particulares para asumir uno mucho más grande como lo era la defensa del país.

Pero parecía que nada podría unir a los mexicanos, pues las tropas extrajeras ya estaban en territorio nacional y al país se le avecinaba una dura etapa de vuelta a la esclavitud ahora en manos de los franceses, y ni con esto reaccionaban. Los líderes de la guerrilla seguían realizando sus tropelías sin importarles en lo absoluto el futuro del país, incluso unieron fuerzas con los invasores, mientras que varios pensadores se unieron a Juárez. En los primeros enfrentamientos, las victorias fueron para Porfirio Díaz y Zaragoza, quienes toparon al enemigo en el estado de Puebla, pero había transcurrido un mes de la llegada de los franceses y la población parecía ignorar la situación.

Porfirio Díaz logró una de las primeras victorias para México durante la invasión, con el tiempo llegaría a ocupar el poder del país.

El clero había comenzado a apoyar al invasor y desde el púlpito, atacaba al gobierno y en los estados, muchos de los Gobernadores se rehusaban a entregar sus recursos al gobierno central, pero a Juárez le seguían lloviendo problemas, pues Puebla fue tomada por los invasores quienes habían derrotado a los defensores en Orizaba, el gobierno tuvo que ser trasladado a San Luis Potosí, y aun con todo esto, al Presidente lo seguían acusando de ineptitud, la capital coronaría estos trágicos sucesos, pues en junio de 1863, fue tomada por las tropas francesas. Todo esto suponía ser suficiente para que los mexicanos se unieran, pero aun así las divisiones internas seguían latentes. En una carta de Zamacona, quien era ex ministro de Juárez, expone la situación del gobierno republicano ante la opinión pública:

POR QUE EL PUEBLO DE MÉXICO
VA PERDIENDO SIMPATÍAS
POR EL GOBIERNO REPUBLICANO

Opina Zamacona, ex ministro de Juárez
16 de junio de 1863.

"Aunque usted, señor Presidente, me llama quizá como Jesús llamaba desde la barca al jefe de sus discípulos, hombre de poca fe, creo que tengo mejor excusa que el apóstol al dirigirme a usted, clamando: Señor, sálvanos, porque siento como él que las olas se vienen a más andar sobre nosotros; Que nos falta aun la superficie que pisamos, y no puedo como él aguardar la salvación de un prodigio sobrenatural, sino de los recursos comunes del poder humano.

"No son estas ideas parte de un espíritu asombradizo. Llevo tiempo de verlas en boca de todo el mundo. Aun habían pensado los amigos del gobierno que residen aquí consignarlas en una exposición privada dirigida a usted; y si bien no se han puesto aún de acuerdo en cuanto a la forma, y a la más o menos conveniencia del paso dado colectivamente, todos, sí, están acordes en el juicio sobre la situación pública...

"Pero no pueden menos que impresionarse al ver cómo han venido a ser una realidad los planes y esperanzas que, hace un año, provocaba nuestra risa y apellidábamos quimeras. La intervención se ha captado la confianza del público que pone en sus manos conductas de caudales como no se habían visto en mucho tiempo; asombra ver cómo se va atrayendo en derredor suyo a los miembros del partido independiente; cómo gana terreno en las cortes extranjeras y en el crédito bursátil hasta el punto de que el hermano del emperador de Austria se decide a ocupar el trono de México: y aun el sesudo rey de los belgas induce a su hijo a ceñir la corona mexicana. Los banqueros de París y Londres abrirán al nuevo Imperio sus arcas para la realización de un empréstito; y la

impresión se hace más profunda cuando el cuadro que precede se coloca junto al que presenta el gobierno nacional.

"En el curso de este año hemos caído del pedestal de la gloria que nos levantaron Zaragoza y los valientes sostenedores del sitio de Puebla. La prensa extranjera lleva tiempo de no hablar de los defensores de nuestra independencia en los términos de respeto y simpatía que empleaba aún después de que abandonamos la capital. Hasta el ministro de los Estados Unidos ha abandonado el país, y dígase lo que se quiera, estoy seguro de que no se ha llevado impresiones favorables sobre la situación del gobierno. En el interior hemos perdido casi todos los centros importantes de población; y no es lo peor que el enemigo haya hecho la ocupación material de todas aquellas demarcaciones, sino que hemos dejado los ánimos en términos de facilitarle la conquista moral a que aspira y que por su sistema sagaz ha logrado...

"Al saberse aquí (en el Saltillo) que van a salir los jefes y las fuerzas que han estado dando la guarnición de Saltillo, sin menoscabo de la simpatía que Ud. inspira, se oyen felicitaciones recíprocas. Usted comprenderá, señor Presidente, el sentido político que tiene el que en este último rincón que nos queda de la República las poblaciones bendigan al cielo cuando salen de ellas los defensores de la independencia...

"¿Qué significa el aislamiento del gobierno? ¿Por qué su círculo inmediato se ha reducido a tan pocas personas? ¿Por qué continúa y se acelera el movimiento de emigración de estos lugares a los que la Intervención ocupa? ¿En qué está que desde el abandono de México, las poblaciones que nos han recibido de buena voluntad nos dejan salir con pocas muestras de sentimiento? ¿Qué sucedió en San Luis? ¿Qué está sucediendo en Saltillo y en Monterrey? ¿No depone esto contra la política de repulsión que se practica desde Querétaro contra la concentración del gobierno dentro de un corto círculo, contra la falta de esa solicitud que ha debido tenerse por los interesados positivos de la sociedad, y por crear simpatías, bienestar y orden alrededor del poder?

"No sé si me equivoco, pero creo también indispensable que se inviertan, por decirlo así, los polos de la política actual. Hasta ahora el de atracción ha estado en México, y el de repulsión a nuestro lado.

"Desde San Luis se inauguró un sistema repelente, y comenzó ha emplearse con lujo de esperanza y de desdén con todos los que buscaban el centro legal a que se debe ese movimiento de contra emigración, que después se ha acelerado tanto, y en cuya virtud pueden contarse con los dedos de una mano las personas que forman hoy el círculo de gobierno".

Cansado de la situación de conflicto con el clero, lanzó un decreto en el que declaraba un crimen predicar en contra del gobierno y además se prohibían las manifestaciones externas del culto religioso. Mientras tanto, Juárez se esforzaba por mantener al gobierno funcionando, su mayor preocupación era sostener al ejército y conservar la unidad de este, pues mientras fuera así, habría esperanza de salir airosos del conflicto y se podía solicitar ayuda del exterior. En noviembre de 1863, hizo el intento de reunir al Congreso, pero sólo una diputación permanente seguía de pie, por lo que el apoyo era casi nulo.

La primera instancia a seguir era la resolución del conflicto por la vía de la negociación, pero Francia estaba interesada en hacer de México una extensión de su territorio, por lo que esa posibilidad estaba descartada. En Francia se habían realizado tentadoras ofertas a fin de que los hombres apoyaran la invasión, a los militares involucrados se les ofreció un ascenso y a los mexicanos, la destitución del partido que los había dejado en una situación tan precaria como lo era ésta y que además, no representaba a nadie pero el clero era uno de las más interesados en el triunfo francés, pues con él se garantizaba la restitución de su poder y la protección de la monarquía. Pero la realidad del país que se ofrecía a los invasores en su patria era muy diferente, pues la miseria y la geografía no lo hacían el paraíso como ellos pensaban, y al poco tiempo de haber llegado, muchos de ellos ya querían regresar a su hogar.

Pero aún era necesario encontrar a un nuevo monarca, un príncipe que tuviera la paciencia necesaria para soportar al emperador francés y con la capacidad de hacer que los seguidores de una monarquía en México se unieran a la nueva forma de gobierno. Por lo que se ofrecía el trono de México al archiduque Maximiliano de Austria. Mientras tanto, en México, Juárez se vio forzado a trasladar al gobierno a la ciudad de Saltillo, pero antes de llegar a ésta, los invasores ocuparon San Luis Potosí y después Guadalajara, y fue el 14 de enero, que recibió a una comisión que representaba a González Ortega, Doblado y al Gobernador de Aguascalientes, José María Chávez, quienes le solicitaban su renuncia a la presidencia, pero Juárez se mantuvo en lo dicho y aclaró que los franceses no estaba allí por él, sino por la forma de gobierno y que no negociarían con nadie que se opusiera a sus planes.

Manuel Doblado fue uno de los que sugirieron a Juárez que renunciara, pero la paciencia de éste último daría excelentes resultados.

108

En el mes de febrero, Saltillo corría peligro y Juárez decidió cambiar la sede del gobierno a Monterrey, pero antes, tenía que hacer frente al Gobernador Santiago Vidaurri, quien se había subordinado, pero este se negó a entregar los recursos y el territorio al Presidente, así que al fallar la conciliación, la fuerza tuvo que ser necesaria y el traidor huyó a Texas, por lo que don Benito tuvo entrada libre al estado.

El fatídico día 28 de mayo de 1864, hicieron su arribo a México, Maximiliano y Carlota, su esposa, quienes por medio del Convenio de Miramar, se habían comprometido a establecer la paz y un plan de fuerza económica que justificara los gastos derogados de la invasión, por medio del mismo convenio, le había hecho renunciar a los derechos sobre el trono de Austria, a todas luces se puede ver que el futuro emperador de México había sido timado, estafado de la forma más vil y cruel, pues le habían quitado la posibilidad de un trono en un país que lo recibía con los brazos abiertos y con suficiente estabilidad y recursos para poderse manejar fácilmente y lo habían mandado al otro lado del mundo a un país que no lo quería y que además estaba en las más difíciles de las condiciones.

Su desasosiego era grande en cuanto pisaron tierras mexicanas, pero conforme iban avanzando por los estados que las tropas habían tomado se sintieron mejor, pues encontraban flores, tañidos de campanas y música por donde pasaban, lo que les hizo pensar que los mexicanos estaban ansiosos de vivir bajo una monarquía, cosa que no era verdad. Sin embargo, esta creencia les duró sólo cinco meses, pues ahora tenía que demostrar a Europa que el país estaba en calma y que podía gobernar con toda tranquilidad, así que cuando analizó la situación, los rebeldes se llevaron una gran desilusión, pues la única vía era ratificar gran parte de la obra de Juárez.

Y le escribió una carta al Presidente de la nación en la que le explicaba el motivo de su llegada al país y trataba de hacer las paces con él, seduciéndolo con su encanto sofisticado y llamativo del viejo mundo, pero Juárez no era fácil de engañar y le respondió con la siguiente carta:

30 de Agosto de 1864.

"Respetable Señor:

Me habéis dirigido privadamente una carta fechada el 2 del corriente a bordo de la fragata Novara, y mi carácter de persona cortés y respetable me impone la obligación de contestarla aunque muy deprisa y sin meditación, pues, como debéis suponer, el importante y delicado cargo de Presidente de la República absorbe todo mi tiempo, y no me deja solaz ni aun de noche.

El filibusterismo francés está buscando minar y destruir nuestra nacionalidad, y yo que por mis principios y mi juramento soy el llamado a sostener la integridad nacional, su soberanía y su independencia, tengo que trabajar con mucha actividad, multiplicando mis esfuerzos, a fin de corresponder al sagrado depósito que la nación, ejerciendo sus facultades soberanas, me ha confiado. Esto no obstante, me propongo contestar, aunque muy brevemente, los puntos más importantes de vuestra carta.

Me decís que, "abandonando la sucesión de un trono en Europa, abandonando vuestra familia, vuestros amigos, vuestras propiedades y lo más caro del hombre, vuestro país, habéis venido con vuestra esposa Doña Carlota a tierras distantes y no conocidas, sólo por obedecer un llamamiento espontáneo de una nación que fija en vos la felicidad de su porvenir". Admiro hasta cierto punto toda vuestra generosidad, pero me sorprende mucho encontrar en vuestra carta la frase "llamamiento espontáneo", pues yo había visto antes que cuando los traidores de mi país se presentaron bajo su propia autoridad, en Miramar, a ofreceros la corona de México con algunas actas de nueve o diez ciudades de la nación, no percibisteis en eso sino una farsa ridícula, indigna de la seria consideración de un hombre honrado y decente.

En contestación a tal absurdo exigisteis la expresión libre de la voluntad nacional, como resultado del sufragio universal. Esto era pedir una imposibilidad; pero era el justo deber de un hombre honorable hacerlo: ¡Cuán grande, pues debe ser mi sorpresa, al veros venir al territorio mexicano, sin que se hayan cumplido alguna de las condiciones! ¿Cómo no he de maravillarme al veros aceptar la misma farsa de los traidores, adoptar su lenguaje, condecorar y tomar en vuestro servicio bandidos como Márquez y Herrán, y rodear vuestra persona con esta clase peligrosa de la sociedad mexicana? Hablando francamente, me he engañado mucho: porque creía y esperaba que erais una de esas organizaciones puras que la ambición no puede corromper.

Me invitáis cordialmente a que vaya a México; a donde os dirigís a fin de que celebremos una conferencia en unión de otros jefes mexicanos armados hoy, prometiéndonos las fuerzas necesarias para nuestra escolta durante el viaje y empeñando como fianza y garantía, vuestra fe pública, vuestra palabra y vuestro honor. Es imposible, señor, que acceda a esta instancia, porque mis ocupaciones oficiales no me lo permiten. Pero si ejerciendo mis funciones públicas, pudiera aceptar tal invitación, no sería suficiente la fe pública, la palabra de honor de un agente de Napoleón el perjuro, de un hombre cuya seguridad está confiada a los mexicanos traidores, y que en este momento representa la causa de uno de los que firmaron el tratado de la Soledad. Conocemos demasiado bien en América el valor de esa fe pública, de esa palabra y de ese honor, justamente como sabe el pueblo francés lo que valen los juramentos y promesas de un Napoleón.

También decís que de la conferencia (si yo acepto), no dudáis que resulte la paz, y en ella la felicidad de la nación mexicana; que colocándose al imperio en un lugar de honor distinguido, contaría en lo futuro con mi talento y mi patrio-

tismo para el bien general. Es indisputable, señor, que la historia de nuestros tiempos registre los nombres de grandes traidores, que han hecho traición a sus juramentos, a sus palabras y a sus promesas, que han sido falsos a su propio partido y principios, aun a sus antecedentes y a lo más sagrado para el hombre de honor:

Cierto también que en todos estos casos de traición el traidor ha sido guiado por la vil ambición de mando, y el deseo miserable de satisfacer sus pasiones y sus vicios; pero un hombre, a quien está confiado el cargo de Presidente de la República, saliendo como ha salido de las oscuras masas del pueblo, sucumbirá, si así lo decreta la sabiduría de la Providencia, desempeñando su deber hasta lo último, correspondiendo a las esperanzas de la nación que preside, y satisfaciendo las aspiraciones de su propia conciencia.

La falta de tiempo me obliga a concluir, y sólo añadiré una observación. Al hombre le es dado a veces atacar los derechos de otro, apoderarse de sus propiedades, amenazar las vidas de los que se atreven a defender su nacionalidad, hacer aparecer las más esclarecidas virtudes como crímenes y hacer resplandecer sus vicios como virtudes. Pero hay una cosa que está fuera del alcance de los falsos y perversos, y esta es la sentencia tremenda de la historia. Ella nos juzgará.

BENITO JUÁREZ

Juárez le escribió a su yerno Santacilia una carta en la que, como era su costumbre, comentaba los asuntos del país, en esta misiva le hacía mención de la situación del nuevo emperador y los errores que había cometido hasta ese momento:

"Maximiliano adoptó a medias las medidas de la Reforma, y con eso traicionó al clero y a los conservadores, quienes lo trajeron para que los restableciera en el pleno goce de sus bienes,

fueros, prerrogativas y abusos y no ha logrado atraerse el partido nacional. Queda entregado a la facción moderada que ha perdido a todos los gobiernos y a todos los hombres notables que se han sometido a su dirección y que en momentos de solemne conflicto, los ha abandonado para recibir de rodillas al vencedor.

En el aislamiento que se ha colocado el austriaco, sólo el dinero podría aplazar la derrota; pero en este respecto es más desesperada su situación. Su presupuesto calculado económicamente importa treinta millones de pesos y las rentas nacionales que en tiempos bonancibles no han pasado de catorce, no llegaran, ahora, en tiempos del imperio, a cuatro y, como es preciso que cubra el enorme deficiente que le resulta para mantener las fuerzas, mantenerlas y equiparlas para continuar su conquista, tendrá que recurrir a medidas violentas contra el pueblo y los ricos, enajenándose sus simpatías, provocando sus resistencias y aun resolviéndolos a filiarse en nuestra bandera.

Este caso tiene que llegar indefectiblemente y no muy tarde, si el archiduque no hace, como ciertamente no hará, muchos milagros como el de los cinco panes".

Pero la situación de Juárez no era muy prometedora, más bien difícil, pues su familia, quienes habían permanecido junto a él casi todo el tiempo, hora se tenían que separar, además, el 13 de junio, en la ciudad de Saltillo, había nacido su último hijo, cuando los franceses comprometieron la situación del gobierno, así que Juárez mandó a su familia lejos de él, al vecino país del norte y tres días después, él salió de la ciudad de Monterrey con rumbo a la ciudad de Durango. Habían pasado dos meses y no había recibido noticias de su familia, por lo que la desesperación lo estaba acabando, fue a los dos meses después de haber llegado a chihuahua cuando logró saber que su familia había llegado sin contratiempo a su destino, la ciudad de Nueva York.

Ahora podría soportar con entereza y su acostumbrada impasibilidad las noticias más terribles, pues los que le apoyaban habían comenzado a emigrar lenta y, según lo pensaban ellos, desapercibidamente, pero además, las tropas seguían sufriendo derrotas a manos de las experimentadas tropas francesas, pero aun lejos y lleno de problemas, Juárez seguía al pendiente de la educación de sus hijos, la cual vigilaba su yerno, esto lo podemos verificar en una de las cartas que el Presidente le envió a este último:

SUS HIJOS NO APRENDERÁN NINGUNA RELIGIÓN

Carta a su yerno Santacilia

12 de enero de 1865

"Mi querido Santa: Escribí a Ud. el día 6 participándole el triunfo de nuestras armas en Sinaloa contra franceses y traidores. No ocurre otra cosa sino que el espíritu público comienza a reanimarse y creó que en este año mejorará nuestra situación. Dígale U. a Margarita que el día 6 le escribí también y que ya deseo ver su letra. Supongo que Pepe y Beno están yendo a la Escuela. Suplico a U. no los ponga bajo la dirección de ningún Jesuita ni de ningún sectario de alguna religión; que aprendan a filosofar, esto es, que aprendan a investigar el por qué o la razón de las cosas para que en su tránsito por este mundo tengan por guía la verdad y no los errores y preocupaciones que hacen infelices y degradados a los hombres y a los pueblos.

Memorias a los amigos y a las muchachas, muchos cariños a los chiquitos y usted reciba el afecto de su padre y amigo. Juárez."

En este documento podemos apreciar la opinión que tenía Juárez sobre la religión, pero no la religión en sí, sino sobre el manejo comodino que daban los hombres a ésta, pues la religión, como lo indica la palabra, es "re" "ligar", es decir volverse a unir con Dios, y esto lo logran concientemente todos aquellos que por el conocimiento liberan su conciencia, es decir, que como él mismo lo afirma, deben investigar el por qué de las cosas. Pero su aparente inconmovilidad habría de resquebrajarse, pues una carta le hirió en lo más profundo de su ser, y esto lo podemos ver en otra carta a su yerno:

"Mi querido Santa:

Escribo a usted bajo la impresión del más profundo pesar que destroza mi corazón, porque Romero, en su carta del día 14 de noviembre próximo pasado, que recibí anoche, me dice que mi amado hijo Pepe esla gravemente enfermo y como me agrega que aun el facultativo temía ya por su vida, he comprendido que sólo por no darme de golpe la noticia de la muerte del chiquito, me dice que está de gravedad, pero que realmente mi Pepito ya no existía, ya no existe, ¿no es verdad? Ya considerara usted todo lo que sufro por esta pérdida irreparable de un hijo que era mi encanto, mi orgullo, mi esperanza.

Pobre Margarita, estará inconsolable. Fortalézcala usted con sus consejos para que pueda resistir este duro golpe que la suerte ha descargado contra nosotros y cuide usted de nuestra familia. Sólo usted es su amparo y mi consuelo en esta imposibilidad en que estoy de reunirme con ustedes. Adiós, hijo mío, reciba usted el corazón de su inconsolable padre y amigo.

Benito Juárez.

Disculpe usted los borrones porque mi cabeza esta perdida."

Pero la falta de noticias continuaba así como las preocupaciones, por lo que en el mes de febrero escribió una nueva carta a Santacilia en la que le describe su verdadero estado de ánimo:

"No sé cómo puedo soportar tanto pesar que me agobia, pues la pérdida de mi querido Pepe y el no saber como sigue usted y la familia son penas muy crueles para el hombre que, como yo ama tiernamente a su familia".

La situación era demasiado apremiante, pues los franceses venían tras de él, siguiéndole de muy cerca, se encontraba en Paso del Norte (Ciudad Juárez) esperando por un correo que no llegaba, mientras lo único que podía hacer era eso, esperar. En Europa, Terán establecía que México era independiente y soberano y que el gobierno legal que todavía existía, no cejaría en sus esfuerzos de ver fuera al invasor, mientras que en Estados Unidos de Norteamérica, Romero se encargaba de hablar ante el vecino del norte, pero estos estaban sumergidos en una difícil y larga guerra civil, la cual les impedía prestar ayuda al gobierno mexicano, pero estos reconocían al gobierno y simpatizaban con la causa.

En el mes de mayo, el Presidente norteamericano, Abraham Lincoln, fue asesinado por el actor J.W. Booth, quien en un insano intento de ganar reconocimiento, le dio muerte mientras el Presidente asistía a una representación teatral, esto, un triste suceso, dejaba la situación del apoyo a México en una situación difícil e incierta. A continuación transcribimos una parte de la carta que le escribió Juárez a Romero, pidiéndole que no comprometiera el territorio nacional:

JUÁREZ INSISTE A SU MINISTRO MATÍAS ROMERO QUE NO SE COMPROMETA EL TERRITORIO NACIONAL

26 de enero de 1865

Chihuahua, enero 26 de 1865

"Sr. D. Matías Romero"

Washington

... La idea que tienen algunos, según me dice U. de que ofrez-camos parte del territorio nacional para obtener el auxilio in-dicado, es no sólo antinacional, sino perjudicial a nuestra cau-sa. La Nación por el órgano legítimo de sus representantes ha manifestado de un modo expreso y terminante, que no es su voluntad que se hipoteque, o se enajene su territorio, como puede U. verlo en el decreto en que se me concedieron faculta-des extraordinarias para defender la Independencia y si con-trariásemos esta disposición, sublevaríamos al país contra nosotros y daríamos una arma poderosa al enemigo para que consumara su conquista. Que el enemigo nos venza y nos robe, si tal es nuestro destino; pero nosotros no debemos lega-lizar ese atentado, entregándole voluntariamente lo que nos exige por la fuerza. Si la Francia, los Estados Unidos, o cual-quiera otra nación se apodera de algún punto de nuestro te-rritorio y por nuestra debilidad no podemos arrojarlo de él, dejemos siquiera vivo nuestro derecho para que las generacio-nes que nos sucedan lo recobren. Malo sería dejarnos desar-mar por una fuerza superior pero sería pésimo desarmar a nuestros hijos privándolos de un buen derecho, que más va-lientes, más patriotas y sufridos que nosotros lo harían valer y sabrían reivindicarlo algún día..."

... Benito Juárez"

La nación se encontraba sumida en la más infame de las miserias, invadida por un gobierno que deseaba pasar por encima de la legalidad y los derechos de los habitantes del mismo, y para colmo, el periodo de Juárez había llegado a su fin, por lo que González Ortega reclamaba la presidencia desde Estados Unidos de Norteamérica. El todavía Presidente estaba en una difícil disyuntiva, pues no podía dejar la presidencia porque hacerlo significaría el debilitamiento de la causa y no hacerlo sería faltar a la ley, por lo que no sabía que hacer.

En una carta su yerno, Juárez expone la situación en la que se encuentra y sus dudas acerca de la medida que iba a tomar sobre la permanencia en el poder de su persona:

VACILACIONES DE JUÁREZ SOBRE SU PERMANENCIA EN EL PODER

Carta del 27 de sept. de 1865 a su yerno Santacilia.

"Respecto del negocio de la prórroga de mis funciones como Presidente de la República, medida que muchas personas me aconsejan dicte yo en bien del país, nada he resuelto, porque el punto es demasiado grave. Aunque por mis facultades amplísimas dadas por el Congreso creo que puedo hacer tal declaración, no ha de faltar quien ponga en duda la legalidad de la medida, y basta que Ortega, algún Gobernador o algún jefe desconozca la autoridad prorrogada por mí, para que se encienda la guerra civil y en tal caso sería completa la disolución de esta desgraciada sociedad.

Todavía no ha llegado a hacerse tal declaración y ya, admírese U., Guillermo Prieto y Manuel Ruiz están hablando y preparándose para protestar contra la prórroga: el uno por ponerse bien con Ortega, y el otro porque cree que no encargándose éste del mando el día primero de diciembre entrará a funcionar sin otra razón que porque es Ministro de la Corte

de Justicia. Sin embargo, para el fin de noviembre las cir-
cunstancias, la ley y la opinión pública indicarán el camino
que se debe seguir. Esperemos."

Para empeorar la tormenta mental de Juárez, su yerno le
avisaba que su hijo Antonio de quince meses de edad, había fallecido. Pero aun con todos estos pesares y problemas, se las ingenio para lanzar un decreto en el que se pro-
longaban los mandatos del Presidente y Vicepresidente
hasta que se pudieran realizar elecciones, y otro que adver-
tía que por ausencia no autorizada de González Ortega,
este sería apresado y juzgado a su regreso, lo que le hizo
perder la amistad de Guillermo Prieto y Manuel Ruiz. Envió una carta a su yerno en la que le informaba de su decisión:

JUÁREZ DECRETA
SU PERMANENCIA EN EL PODER

CARTA DE JUÁREZ A SANTACILIA

10 de nov. de 1865.

... *"Remito a U. el periódico oficial en que verá las medidas*
que he dictado respecto de la Presidencia y del general G.
Ortega. Naturalmente estas resoluciones me deben traer dis-
gustos y persecuciones; pero no me importa, porque al dictar-
las he creído que cumplía con mi deber y prestaba un nuevo
servicio a mi patria. Creo que la nación aprobará mi determi-
nación y que no sea motivo para que se encienda la guerra
civil.

Según me escribe Godoy, están conformes y de acuerdo
en que yo continúe con el mando los generales Álvarez,
Arteaga, Rivapalacio y Leyva. Tengo datos para creer que
Escobedo y Dn. Alejandro García lo están también. De Patoni,

*Corona y Rubí casi tengo seguridad. No tenga U. cuidado. El
país y la suerte me ayudarán siquiera por la buena intención
que me guía. Conviene ahora que U. y los amigos de la causa
nacional remitan a México y a los amigos en otros puntos de
la República, los impresos, para que cuanto antes sepan a qué
atenerse.*

*Por este correo remito la orden para que si Porfirio ha
logrado fugarse y está ya otra vez en campaña, reasuma el
mando que antes tenía de general en jefe del ejército de Orien-
te, quedando de su segundo el general García.*

*Memorias a los amigos Mariscal, Navarro, Baz y demás,
mil cosas a la familia y un beso a María.*

Suyo afmo. Padre y amigo. Juárez".

Esta medida fue controversial, y existen documentos que
demuestran la diversidad de criterios en torno a Juárez y
su actitud ante el general:

RAZONES ADUCIDAS POR
JUÁREZ PARA JUSTIFICAR
LA DESTITUCIÓN DE GONZÁLEZ ORTEGA

Carta de aquel a Francisco Zarco 16 de feb. 1866.

*... "Público y notorio es que Ortega, engañando al Gobierno,
permaneció en el extranjero sin licencia ni comisión de éste y
siendo Presidente de la Corte de Justicia y General del Ejército de la República. Estos delitos no debían quedar impunes a
pretexto de que el Congreso no existía, porque en ningún país
del mundo deja de castigarse a los delincuentes por la razón
de que no hay juez para ello.*

*Si por algunas circunstancias no puede abrirse el juicio
de pronto, la autoridad, por respeto a la moral pública y por el
bien de la Sociedad, los asegura y a su tiempo los pone a disposición de su juez; pero nunca permite que el delincuente*

insulte con su presencia a la autoridad y a la ley disfrutando de la libertad de que ha abusado. En ese mismo caso no sólo ha podido el gobierno disponer el aseguramiento de Ortega sino que, en vista de la notoriedad de su falta, ha podido en uso de sus atribuciones mandar abrir el juicio por lo que respecta al delito común que ha cometido...

Si el gobierno a sabiendas de que Ortega era delincuente lo hubiera dejado con el título que le dio de Presidente de la Corte, sin entregarle la Presidencia de la República el 1° de diciembre, la guerra civil habría sido indefectible porque de la notoriedad de un delito se habría presentado en cualquier punto de la República con un título legal de jefe de la nación declarándose Presidente en ejercicio y atacando mi autoridad prorrogada. Los jefes que mandan fuerzas lo habrían reconocido, toda vez que el mismo gobierno había tolerado un delito dándole un título legal que ya había perdido de hecho con su deserción. Esto haría sido fomentar la anarquía que se quiso cortar con la prórroga"...

Sin embargo, se dice que Juárez, en realidad si le dio permiso la general para abandonar el país:

DECRETO DE JUÁREZ
CONCEDIENDO LICENCIA INDEFINIDA
A ORTEGA EN EL EXTRANJERO

30 de Dic. de 1864

"Se concede a Ud. la licencia por tiempo indefinido hasta que vuelva a presentarse en la residencia del gobierno, o hasta que el mismo gobierno llame a Ud., pudiendo entretanto dirigirse, bien sea directamente, o bien atravesando de tránsito el mar o algún territorio extranjero, a puntos de la República Mexicana, para continuar defendiendo la independencia nacional, bajo el concepto de que en las operaciones militares que emprenda, obrará usted de acuerdo con el Gobernador y *comandante militar del Estado respectivo, o con los demás jefes de las fuerzas republicanas... dejando siempre expedita la acción de las autoridades que ejerzan mando político o militar, con nombramiento del gobierno supremo".*

Pero este documento se contradice con el siguiente fragmento que vamos a comentar en el que el Presidente niega haber sostenido dicha plática con el general:

JUÁREZ AFIRMA NO HABER CONCEDIDO LICENCIA A ORTEGA PARA PERMANECER IN DEFINIDAMENTE EN LOS ESTADOS UNIDOS

l oct. 1865.

"Mi estimado amigo: Estoy seguro de que no te he dicho nunca que yo hubiera contestado a Ortega que se pusiera de acuerdo con Romero. Tengo muy presente que el día 7 de septiembre último contesté al citado Ortega diciéndole sencillamente que no se le podía dar la autorización que deseaba y hasta ahora a nadie había yo dicho lo que le había yo contestado a tu poderdante".

Se encuentra en: Epistolario de Benito Juárez, p. 329. Carta Nº 194

Mientras que su antes, amigo, Guillermo Prieto, declaraba que a acción de Juárez era una falta al derecho y por lo tanto ilegal:

OPINA GUILLERMO PRIETO DE JUÁREZ POR NO HABER DEJADO LA PRESIDENCIA

"Ni por un instante se crea que abogo por la persona de Ortega; le defiendo porque en este instante es la personificación del Derecho... Juárez ha sido un ídolo por sus virtudes, porque él era la exaltación de la Ley, porque su fuerza era el De-

*recho, y nuestra gloria, aun sucumbiendo, era sucumbir con
la razón social, que es la ley. ¿Qué queda de todo? ¿Qué queremos? ¿A quién acatamos? ¿Varía de esencia que ayer se
llamara Santa Anna y Comonfort y Ceballos, y que hoy se
llame Juárez el suicida? Supongamos que Juárez era necesario, excelso, heroico, inmaculado en el poder, ¿lo era por él o
por sus títulos? ¿Qué vale sin éstos...? Yo avanzo hasta suponer feliz el éxito de este ensayo de prestidigitación de Juárez.
¿Está en honor seguirle? ¿Se debe dar asentimiento a seme-
jante escalamiento del poder? ¿Se debe autorizar con la tole-
rancia de este hecho otros de la misma naturaleza que ven-
drían enseguida y no muy tarde? Yo, por mí, no lo haré. Me
he propuesto ser tan ingenuo contigo que te confieso: que ni
el miedo al quebrantamiento de la Constitución misma, a pesar de la que te he dicho, me contiene; es tan grande nuestra
causa, sería tan inmarcesible la gloria del que lanzase al francés de nuestro suelo, que pudiera ser que me sedujera la com-
plicidad de este extravío heroico, por lo que tendría de subli-
me la reparación.*

*La reputación por la vida del país. ¿No lo he hecho yo?
Esto no me asusta. Me asusta contemplar a Juárez revolucionario, inerte, encogido, regateando, ocupándose de un chisme
o elevando al rango de cuestiones de estado las ruindades de
una venganza contra un quídam. ¿Tú te figuras revolucionario a Juárez? ¿Te figuras lo que habré sufrido?".*

Sin embargo, la vida de Maximiliano en México era un verdadero desastre, desde los primeros días se dio cuenta que
todas las promesas hechas habían sido pura propaganda,
una manera de venderle su actual puesto y el cual lo estaba
llevando a la desgracia. Envió un emisario a la ciudad de
Washington para que se entrevistara con William H. Seward,
y convencerlo de que reconociera al imperio, pero el fun-
cionario norteamericano se negó a recibirlo, además tenía
la misión de negociar un subsidio con un valor de diez y lo

único que conseguí fue uno de dos y un ultimátum de tipo militar y económico.

Francia se había cansado de tirar dinero en un pozo sin fondo, y los contribuyentes se habían cansado de apoyar dicha aventura, mientras que los soldados estaban ansiosos de regresar a su patria pues ya no soportaban la vida de México, por otro lado, Bismarck había avanzado rápida y eficaz manera sobre el poder de Prusia, por lo que la frontera francesa estaba seriamente amenazada. Esta amenaza a Francia ocasionaba que Napoleón retirara su apoyo armado al imperio de México, por lo que Maximiliano se tambaleaba, pero se resistía a creer que todo había sido una gran farsa.

Los esfuerzos de las tropas imperiales y demás aliados para destruir a Juárez y lo que él representaba habían sido en vano, ahora, los franceses se retiraban y los republicanos ocupaban las plazas que éstos iban dejando, mientras que el Presidente iba avanzando

Maximiliano, el gran engañado.

124

hacia la capital, a finales de 1866, había llegado a Durango y un mes después estaba en Zacatecas. El 6 de enero, de ese año, las tropas leales a la constitución habían logrado derrotar a Miramón en San Jacinto y días después, Juárez entraba en San Luis Potosí. En febrero se había logrado sitiar las ciudades de Puebla y Veracruz, pero en Querétaro, las fuerzas imperiales se esforzaban por resistir.

QUERÉTARO HOSTIL
A LOS LIBERALES

CARTA DE JUÁREZ A SU YERNO SANTACILIA

"S. Luis Potosí, mayo 3 de 1867
(Sr. Pedro Santacilia).
(Nueva York)

Mi querido hijo Santa: Son las seis de la tarde y acabo de recibir las cartas de U. de 29 de marzo que he leído con mucho gusto porque veo que U. y toda nuestra familia siguen sin novedad. Esto me tranquiliza y me pone de buen humor...
　　En Querétaro se sigue el sitio. Los sitiados han hecho varias tentativas serias en que han sido siempre rechazados aunque hemos sufrido algunas pérdidas de fuerzas y de jefes.
　　Le adjunto el parte del último combate habido el día primero.
　　Calculo que México será ocupado antes que Querétaro y que acaso Porfirio será el que venga a completar la obra.
　　El pueblo todo de Querétaro nos es hostil: no sale siquiera un hombre o una mujer a dar algún aviso a nuestros jefes, de lo que hace el enemigo.
　　El día de mi Santo lo pasé sin novedad y el día 29 me estuve acordando de mi pobre vieja.
　　Memorias a toda la familia y muchos besos a mamá.

　　　　　　Suyo afmo. padre y amigo. Benito Juárez."

Maximiliano, cegado por sus aires de grandeza y sin querer ver la realidad, lanzó la orden de organizar un consejo de guerra a Juárez y su comitiva en caso de que fueran capturados, pero después de un poco más de tres meses, el resultado fue totalmente opuesto a lo que él esperaba, pues el día 15 de mayo de 1867 fue capturado junto con Miramón y Mejía. La ley exigía la muerte de todo aquel enemigo de la república y de quienes hubieran ayudado a los franceses, pero Juárez tenía en sus manos el perdón. A este suceso le siguió un mes de continuos ruegos de personajes importantes de toda Europa, todos ellos pedían al Presidente de México que fuera piadosos, incluso, Garibaldi, el legendario descamisado suplicaba por el perdón a la vida del caído emperador.

Sin embargo, los que habían estado involucrados en el proceso de liberación de la república, opinaban de manera distinta, entre ellos se encontraban el General Mariano Escobedo y Porfirio Díaz, quienes exigían que se aplicara la ley del 25 de enero de 1862, la ley de la sangre. Juárez soportó la presión y no cambió de parecer, por lo que el día 19 de enero, en el Cerro de las Campanas, ubicado a las afueras de la ciudad de Querétaro, se procedió a la ejecución de Maximiliano. Esta decisión volvió a encender los ánimos de los habitantes, algunos a favor y otros en contra:

ODIO DE LA SOCIEDAD CONTRA
LOS VENCEDORES EN
EL CERRO DE LAS CAMPANAS

Juicio del diputado liberal Menecal.

"Pero, lo que más indignaba era el criterio estrecho del gobierno considerando como culpable de traición a la mayor parte de la nación que había vivido bajo el régimen imperial. La condición humillante de solicitar del gobierno una declara-

ción de rehabilitación, confesándose traidores los que por error, por hambre o por presión habían reconocido al Imperio y lo habían servido en puestos insignificantes, sólo rencores contra el gobierno podía producir. Era absurdo, conforme al principio de la soberanía popular, que la mayoría de la nación se declarase traidora a sí misma. El dilema presentado a la consideración del público por un imperialista, D. Antonio del Moral, no tenía réplica:

"O la aceptación del imperio fue el efecto del error, del hambre o del miedo o la aceptación del imperio fue libre y hecha con conocimiento pleno. Si fue el efecto del error, el hambre o el miedo, ¡pobre pueblo! Tu ignorancia te excusa, tu miseria te defiende, tu abyección y cobardía te salvan, porque tienes el privilegio de no ser responsable de tus actos, cuando a ti sólo te concierne si los ejerces sin voluntad propia, ni conocimiento perfecto.

"¿Fue libre y con pleno conocimiento la aceptación del Imperio? Pueblo soberano, levanta la cabeza; tú no has cometido ni podido cometer el delito de traición. La razón te sostiene, la democracia te apoya, el sentido común te absuelve. Reasumiendo tu poder, usaste del más precioso de tus derechos, y nada más. Pueblo, tú eres el árbitro y regulador de tu conducta. ¿Incurriste en error? Prepara tu defensa para la historia: el juicio de Dios te espera, por que no hay tribunal alguno sobre la tierra autorizado por la razón, que tenga el derecho de juzgarte.

"Cuando en el Congreso se discutió respecto de la amnistía, el diputado Ezequiel Montes declaró que votaría en contra del dictamen de la mayoría, por ser anticonstitucional; porque, a su juicio, la cámara no podía hacer otra cosa que castigar con arreglo a la ley de 16 de agosto de 1853, única preexistente a los hechos, y no por otra que dictara el Congreso, que sería retroactiva e inconstitucional, o perdonar expidiendo una amplia amnistía.

Para lo primero, la ley de que se trata, sobre ser bárbara e inicua, era además impracticable; porque, ¿dónde los jueces

que los han de juzgar? ¿Dónde los verdugos que los ejecu-
ten?" (Cos. t. 19, p. 16). Siendo que "se declaró enemigo de
aquella ley, dice un liberal, el mismo Juárez que la dictó y
sancionó con su firma."

Dos días después de la ejecución del emperador invasor, el general Porfirio Díaz entró en la capital, y fue hasta el día 15 de julio pudo llegar hasta ella Juárez, por fin habría de reunirse con su mujer e hijos, a quienes no veía desde hacía mucho tiempo, dos de sus hijos habían fallecido en el exilio, mientras su padre se quedaba en su patria tratando de proporcionarle un futuro a todos los mexicanos.

En el panorama mundial, con excepción de Francia, los gobiernos tenían una inmejorable impresión del Presidente mexicano que se había mantenido impasible ante una invasión extranjera y había logrado salir adelante, se dice

El fusilamiento de Maximiliano puso fin a la fallida conquista francesa, y desató varios conflictos en el país.

que en México también se ganó el respeto y admiración de lo mexicanos, pero esto puede haber sido una impresión muy parcial, pues en palabras de Manuel Payno, se describe el panorama de los que encontró Juárez a su llegada a la capital:

"La gente principal permaneció encerrada en sus casas, y la mayor parte de las señoras, vestidas de luto por la muerte de Maximiliano... Todos los complicados en la política del Imperio veían a Juárez con horror y miedo, esperando castigos terribles. Jamás gobierno alguno en el país había inspirado más miedo a la nación".

Palabras de Manuel Payno.

Capítulo IX

El final

La muerte de Juárez

Cuando Juárez llegó a la capital, el panorama general todavía era de confusión, pero en cuanto la población se dio cuenta de la desaparición de la monarquía, todo comenzó a regresar a la normalidad. Juárez escribió un discurso que se sigue recordando por todo el mundo, en especial la legendaria frase:

"Que el pueblo y el Gobierno respeten los derechos de Todos. Entre los individuos, como en las naciones, el respeto al derecho ajeno es la paz".

En este momento, la gente salía a las calles a celebrar y presentar un pequeño homenaje a Juárez, pero a un mes de su regreso, los procesos constitucionales no se habían reanudado, así que los políticos de aquel tiempo seguían con un nudo en la garganta porque no sabían que iba a pasar con aquel determinado Presidente, así que el 14 de agosto de 1867, por fin llamó a elecciones generales, pero además, hizo un llamado a que el pueblo enmendara la Constitución de 1857, por medio de un referéndum, por fin la Carta Magna que tanta sangre había costado iba a ser establecida debidamente.

Juárez salió vencedor de las elecciones, aunque su opositor era Porfirio Díaz, quien se había desempeñado como general en la lucha contra los invasores, pero el pueblo y el Congreso, tenía una deuda de honor con el hombre que los había sacado del camino hacia un oscuro futuro, pero aun así, la paz política no terminaba de llegar a México. Prensa y Congreso de encargaban de sospechar de cualquier disposición del ejecutivo

Juárez hizo varias propuestas, como la formación de dos cámaras por medio de un senado; el derecho de veto al Presidente, el sufragio para el clero, la presentación de los informes escritos por parte de los miembros del gabinete, pero todas estas medidas supusieron una señal de un decaimiento del Congreso, por lo que inmediatamente causaron oposición. Pero el resultado de las votaciones sobre estas reformas no salió a su favor, por lo que ese asunto fue turnado al Congreso, esto demostraba que la imagen de Juárez no era lo suficientemente fuerte para vencer el miedo de la población a los abusos de autoridad. Los miembros del Congreso no se preocupaban de esconder la molestia que les causaba la formación del gabinete.

Pero el fin de la guerra ocasionó un grave problema, el ejército constaba de 60,000 hombres, los cuales fueron reducidos a 18,000, por lo que un gran número fue despedido y abandonado a suerte, pero lo único que sabían hacer era pelear, así que las bandas de asaltantes se incrementó en medida proporcional a los despidos, y, con esto, los caminos se volvieron intransitables e inseguros, pero también los altos mandos, generales y altos oficiales, esperaban algo más que una simple palmada en la espalda y agradecimiento, así que se sentían molestos y frustrados.

Esto ocasionó que el estado de sitio y la suspensión de garantías constitucionales, fueran herramientas de uso común del gobierno para controlar los disturbios sociales que se habían multiplicado significativamente, corría el año de 1868 y el rumbo de las acciones parecía indicar el inicio de una dictadura, sin embargo, a pesar de los problemas sociales, el país estuvo siempre bajo el control del gobierno, la paz parecía estar cerca y la luz de la esperanza de la reconstrucción nacional era posible.

El siguiente paso del gobierno de Juárez era lograr la independencia económica de la nación y reestablecer las relaciones comerciales y políticas con el gobierno, pero la más importante de todas las metas era encaminar al pueblo al bienestar social, pero la realidad era adversa para los planes del Presidente, pues el extranjero no se arriesgaba en invertir en una relación comercial con un país que no gozaba de una plena estabilidad política y social, la inexistente industria interior y la inactividad de las minas eran un grave problema, además, el Congreso se oponía a cualquier propuesta en cuanto a impuestos y contribuciones se refería, y por supuesto, la reforma agraria era un tema considerado casi un tabú.

México tenía una población de siete millones de habitantes, de los cuales, cinco millones eran indios que no participaban en procesos políticos y por lo tanto, no podían apoyar al gobierno ni aun cuando este procuraba generarles una mejor calidad de vida, mientras el resto de la población era la que se encargaba de la actividad económica del país, así que estos últimos eran los que en realidad generaban el movimiento económico del país, haciendo imposible el sostenimiento de cualquier tipo de industria. Otro importante paso a dar era, como lo había hecho en Oaxaca cuando era Gobernador, mejorar las vías de comunicación para incrementar el comercio, por lo que inauguró el ferrocarril que llevaba a Puebla desde la ciudad de México.

Las negociaciones con el exterior no mostraban ningún avance y en Europa se percibía un sentimiento de resentimiento hacia México por la ejecución de Maximiliano, pero Juárez quería esperar a que con el tiempo, la "ofensa" fuera olvidada, pero una amistosa visita del antiguo secretario de gobierno norteamericano, Seward, estableció la reanudación de relaciones amistosas entre los dos países, también el General Primm, quien había destituido a Isabel II rompió el silencio español y también reanudaron relaciones. Pero la actitud de Juárez ante el exterior era altanera y déspota, lo cual no ayudaría mucho a la situación. Por lo que en el año de 1871, sólo España, Italia y la Confederación Alemana habían reestablecido relaciones con México.

La enfermedad comenzaba a mostrar a un Juárez cansado y abatido, quien seguía siendo el blanco de constantes críticas, cuando actuaba con firmeza le acusaban de dictador y cuando no lo hacía, le llamaban pusilánime e incapaz, sin embargo, todo esto tenía un trasfondo valido, pues no había podido acabar con la guerrilla y mucho menos garantizar la seguridad de los habitantes, pero lo peor de todo era, sin duda, la situación económica del país, la cual no mostraba signos de mejoría en lo absoluto. Se le comenzaron a lanzar acusaciones de ejercer el poder a su beneficio personal, además de fraude electoral, es decir, que controlaba las elecciones, pero todo esto parecía no importarle, como lo veremos a continuación en una carta dirigida a Clemente López:

"Sr. Clemente López. México, agosto 30 de 1867.

Puebla.

Muy estimado amigo: He tenido el gusto de recibir y me apresuro a contestar, la apreciable de U. 26 del que cursa, dándole las más expresivas gracias por la franqueza con que U. me ha manifestado sus opiniones, al hablar del efecto que ha producido la convocatoria en esa población.

Yo no comprendo francamente como la convocatoria ha podido producir tan mala impresión, porque basta, en mi concepto, leer sin prevención aquel documento y la circular explicativa del Sr. Lerdo, para comprender cuál ha sido la mira desinteresada del Gobierno al indicar como convenientes, las reformas que a su juicio podía el Gobierno introducir en la Constitución.

El Gobierno no pretende imponer las reformas que recomienda: se limita a decir que juzga útiles esas reformas, y

*deja exclusivamente al pueblo el derecho que tiene de aceptar-
las o no, con lo cual da una prueba incontestable de que con-
sulta y respeta el fallo de la Nación.*

*Ni remotamente me preocupa la idea de que la convocato-
ria pueda producir trastornos en el país, porque como dije
antes, el Gobierno desea obrar de acuerdo enteramente con la
opinión pública, y por eso ha buscado en el voto libre del Pueblo, la verdadera expresión de la voluntad nacional.*

*Mucho me complace que haga U. cumplida justicia a las
sanas intenciones del Gobierno, y que U. crea como yo, que
son convenientes las reformas indicadas, aunque U. no apruebe
que tenga el clero el voto activo y pasivo a que se contrae la
disposición.*

*En primer lugar debe observar U. que el voto activo lo
tiene el clero por la misma Constitución, y que si el Gobierno
ha creído que podía concederle el pasivo es porque ha juzgado
esa concesión como lógica atendida la naturaleza de muchas
doctrinas republicanas.*

*Nosotros queremos la libertad completa de cultos: no que-
remos religión de Estado y debemos por lo mismo considerar
a los clérigos (sea cual fuese su Credo Religioso) como simples ciudadanos, con los derechos que tienen los demás. En
fin, amigo mío, persuádase U. y a las personas de su amistad,
que no hay motivo fundado de alarma porque el Gobierno no
tiene ni puede tener más propósito, que procurar el bien de la
Nación haciendo cuanto esté de su parte por asegurar la paz
en el interior y la independencia en el exterior.*

> *Quedo como atto. de U. afmo.
> y ss.q.b.s.m. (Benito Juárez)".*

A todos estos problemas, le añadiría uno que le rompería
el corazón, el día 2 de enero de 1871, a las cuatro y cinco
minutos de la tarde, para ser más preciso, Margarita, su
esposa, había dejado de existir a los 43 años de edad, el
sepelio se llevó a cabo sin alguna ceremonia especial, no

hubo invitados, siempre con la misma parquedad que caracterizó su vida al lado de Juárez. El periodo presidencial estaba por concluir, por lo que presentó su candidatura a la reelección, pero esta vez se enfrentaba a Lerdo de Tejada y al general Porfirio Díaz, quien presentaba la propuesta de "la no-reelección".

Margarita Maza de Juárez había fallecido, dejando a Juárez con un vacío en el pecho, sin duda, este suceso tuvo que ver con su muerte.

En mayo hubo graves problemas al sublevarse la guarnición de Tampico, pero fue dominada, sin embargo, cuando se estaba controlando, en Coahuila y Nuevo León se realizaron similares levantamientos, culminando en la ciudad de México como plataforma de una protesta a nivel nacional. Las elecciones se llevaron a cabo y esta vez Juárez no salió bien parado, cuando se realizó el recuento de los votos el día 12 de octubre, Juárez no obtuvo la mayoría absoluta, por lo que el Congreso tuvo que decidir, así que después de una larga deliberación, le otorgaron la presidencia nuevamente.

Este nuevo periodo ocasionó graves disturbios en el país, en los estados de Nuevo León, Jalisco, Durango, Coahuila, Sinaloa, Sonora y Zacatecas, era inminente la rebelión y en la ciudad de Oaxaca, capital de su estado natal, Porfirio Díaz se levantó en su contra. Juárez actuó tratando de imponer la paz, pero este proceso sólo ocasionaba muerte y prisioneros, fue hasta el mes de mayo de 1872, que la paz se reestableció en el país, el Presidente había perdido la imagen pacifista y benévola que el pueblo tenía de él.

Pero la enfermedad que lo aquejaba desde hacía ya algún tiempo, estaba haciendo estragos en él, por lo que el 18 de julio de 1872, a las once y media de la noche, tras haber combatido con una severa angina de pecho, Benito Juárez había dejado de existir. El país y la historia lo colocaron en el sitio que, merecidamente o no, tiene en la memoria mundial. Su primer biógrafo, Justo Sierra, escribió que sin los Lerdo, Ocampo y Ramírez, las revoluciones no son posibles, pero sin los Juárez, simplemente no se hacen.

Benito Juárez, el humilde pastor de Oaxaca y quien llevara al país a una nueva era de progreso, había fallecido.

NOTAS

NOTAS
